AF284664

Karin Heiermann

Von der Freiheitsglocke

(Liberty Bell, Philadelphia)

zum Freiheitspfad

(Freedom Trail, Boston)

Karin Heiermann

Von der Freiheitsglocke

(Liberty Bell, Philadelphia)

zum Freiheitspfad

(Freedom Trail, Boston)

- mit einem langen, lohnenden Umweg durch den Osten Kanadas -

Ein Reisetagebuch

Bibliografische Information der Deutschen Nationalbibliothek:
Die Deutsche Nationalbibliothek verzeichnet diese Publikation in der
Deutschen Nationalbibliografie; detaillierte bibliografische Daten sind
im Internet über http://dnb.dnb.de abrufbar.

Herstellung und Verlag: BoD – Books on Demand, Norderstedt

ISBN: 978-3-7526-0294-4

Danksagung

Herzlichen Dank an Heike, Sabine, Erik und Julian für diese schöne, interessante und einige Male sogar spannende gemeinsame Reise.
Ohne euch würde es dieses Buch nicht geben.

Ferner danke ich herzlich allen Autoren bei Wikipedia, allen Herstellern von Straßenkarten, Atlanten und Stadtplänen sowie allen Verfassern und Herausgebern von Info-Flyern über die von uns besuchten Orte und Sehenswürdigkeiten.
Sie alle haben mir das Verfassen dieses Buches ein klein wenig leichter gemacht.

VORWORT

Wer meine bisherigen Bücher gelesen hat (herzlichen Dank dafür!) weiß, dass ich darin meine USA-Reisen in chronologischer Reihenfolge von 2000 bis 2004 beschrieben habe.

Gemäß dieser Reihenfolge würde es nun weitergehen mit der Schilderung der verschiedenen Reisen, die seither u.a. nach Los Angeles, Las Vegas, New York, Florida, etc. führten.

Da jedoch die vielfältigen Eindrücke der Tour des Sommers 2019 noch so frisch und lebendig sind, weiche ich von der Chronologie ab, um auch andere, nämlich Sie/Euch, geschätzte LeserInnen, daran teilhaben zu lassen.

Dabei habe ich wie immer die Intention, den einen oder anderen dazu zu verleiten, es nachzumachen - und ich hoffe und wünsche es jedem, dass dies angesichts der Pandemie bald auch wieder möglich sein wird.

Ein weiterer Grund für mich, diese Tour von 2019 zu schildern, ist, dass ich mir für mich selbst eine bleibende Erinnerung an diese (hoffentlich nicht aller-)letzte Reise „über den großen Teich" schaffen möchte.

Für alle Interessierten sei erwähnt, dass wir diese Reise mit Hilfe eines Internetportals selbst zusammengestellt haben, beginnend bei der Festlegung der Route, über die Buchung der Flüge bis hin zur Buchung der Unterkünfte und des Mietwagens. Dafür gilt insbesondere Sabine ein besonderer Dank. Die Reiseplanung war gewiss nicht einfach, zumal wegen der Grenzüberschreitung und bedingt durch die Struktur des Internetportals quasi zwei Reisen gebucht und die Termine für die jeweiligen Übernachtungen exakt aufeinander abgestimmt werden mussten. Doch in unermüdlicher akribischer Kleinarbeit gelang es Sabine, diese Tour zusammenzustellen und somit uns allen einen eindrucksvollen Urlaub zu bescheren.

.. Hinsichtlich der Flüge sei angemerkt, dass wir diese dank recht intensiver Recherche online zu einem trotz des Ferientermins günstigen Preis buchen konnten. Vergleichen lohnt sich also.

Um das Interesse zu schüren, hier ein paar Stationen der Reise: Philadelphia, Niagara-Fälle, Toronto, Algonquin Nationalpark, Ottawa, Montréal, Québec, Tadoussac, Saint John, Bar Harbour, Freeport und schließlich Boston.

Grob skizziert stellt sich unser Reiseverlauf so dar:

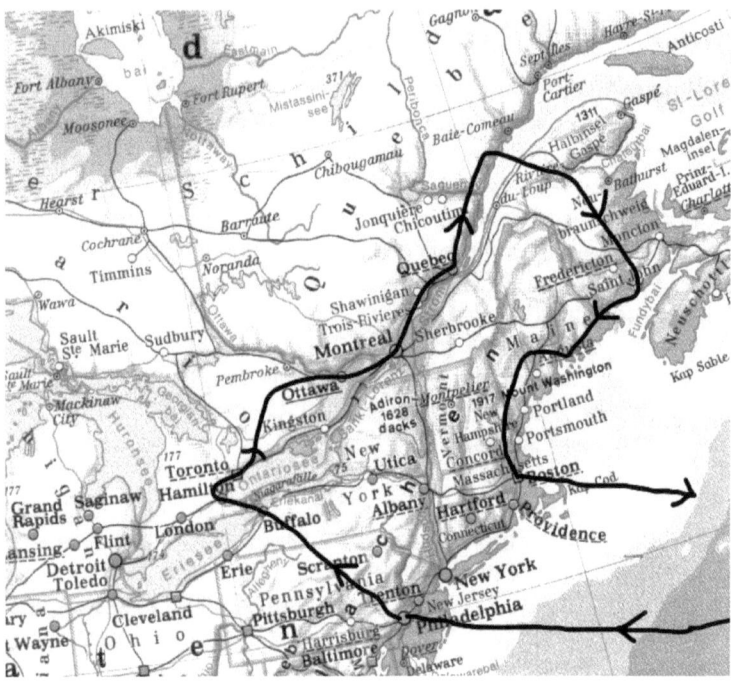

Am Ende der Reise wird der Tacho unseres Leihwagens 4.158 Kilometer anzeigen, die gesamten Flugkilometer werden sich auf knapp 12.500 belaufen.
Doch ebenso werden wir, bildhaft gesprochen, einen riesigen Rucksack voller interessanter Eindrücke und bleibender schöner Erinnerungen mit nach Hause nehmen.

Worauf also noch warten? ... Lassen Sie uns hier gemeinsam starten ...

1. Tag: Dortmund - Philadelphia

Wir - vier Erwachsene und ein Teenager - starten an einem etwas kühlen frühen Morgen Mitte Juli 2019 mit dem Zug von Dortmund zum Flughafen Düsseldorf. Von dort wird es zunächst nach London-Heathrow und dann weiter nach Philadelphia gehen.

Das Einchecken in Düsseldorf funktioniert relativ gut, abgesehen davon, dass wir unseren Jüngsten nur nach London, nicht aber weiter nach Philadelphia einchecken können. Das müssen wir, so informiert man uns, in London nachholen. Ich gestehe, dass wir Erwachsenen während des kurzen Fluges von Düsseldorf nach London durchaus Spaß daran haben, unseren Teenager damit aufzuziehen, dass er wahrscheinlich gar nicht nach Amerika fliegen dürfe und à la Tom Hanks im Film „Terminal" während der nächsten Wochen auf dem Flughafen auf unsere Rückkehr warten müsse.

In Heathrow stellen wir nach kurzer Orientierung fest, dass wir für den Weiterflug das Terminal wechseln müssen, was angesichts der Ausmaße dieses Flughafens schon einige Zeit in Anspruch nimmt. Weitere Zeit vergeht dann mit der Suche nach dem entsprechenden Schalter, um auch unseren Junior für den Weiterflug einzuchecken.

Doch schließlich ist auch das erledigt und irgendwie scheint unser Jüngster doch von einer schweren Last befreit zu sein, als er seine Bordkarte in Händen hält. Die verbleibende Zeit bis zum Einchecken nutzen wir für einen kleinen Imbiss.

Am Gate verläuft alles reibungslos und selbst die gesamte Einsteigedauer aller Passagiere hält sich diesmal in Grenzen, so dass die Maschine fast pünktlich abhebt. Der Flug verläuft recht ruhig, so dass wir nach knapp 8 Stunden Flugzeit am frühen Nachmittag Ortszeit relativ entspannt und nicht allzu müde am Philadelphia International Airport ankommen.

Offensichtlich sind in unserem Zeitfenster nur wenige Maschinen gelandet, so dass die Warteschlange vor der Einreisekontrolle überschaubar ist. Somit kommen wir, auch dank der umsichtigen Verteilung der Menschen auf die einzelnen Schalter, recht zügig an die Reihe. Ich erwische einen aufgeschlossenen jungen Officer, der zunächst meinen Pass kontrolliert und mir einige Fragen über den Zweck und Verlauf meiner Reise stellt. Dann macht er noch ein nettes Foto von mir und fordert mich auf, die Finger meiner rechten Hand auf den Scanner zu legen. Gesagt, getan - doch nichts rührt sich im System. Dieses Spielchen wiederholt sich einige Male, ich beginne schon leicht zu schwitzen. Mehrmals reibe ich mit der Hand über meine Stirn, um die Finger etwas einzufetten, was in diesen Fällen helfen soll, wie mir bei einer früheren Einreise mal ein Officer verriet, als es ähnliche Probleme gab. Doch so hartnäckig wie in diesem Fall hat sich noch kein System verweigert. Um die Sache eventuell zu beschleunigen versuchen wir es mit den Fingern der linken Hand, doch das Ergebnis ist gleich - keine Scannung zur Identifizierung.

Meine vier Begleiter sind schon längst eingereist und warten hinter den Kontrollen. Ebenso warten weitere Passagiere hinter mir, die aber von einer aufmerksamen Beamtin an andere Schalter gelotst werden.

Im Geiste sehe ich mich schon im nächsten Flieger zurück nach Hause sitzen, da hat ein Kollege des Officers die rettende Idee: Er reicht ihm ein Fläschchen Reinigungsmittel und ein kleines Läppchen herüber. Damit wischt mein inzwischen schon vertrauter Freund, der während der gesamten Prozedur völlig entspannt bleibt und mit mir über alles Mögliche plaudert, die Scanneroberfläche ab. Danach ein neuer Versuch - und was soll ich sagen... es funktioniert ohne Probleme! Ich darf in die USA einreisen! Mit herzlichen Worten verabschieden wir uns voneinander, dann stoße ich endlich zu meiner Gruppe, die inzwischen schon unser Gepäck vom Transportband geholt hat.

Die Zollkontrolle interessiert sich nicht für uns und so dauert es nur noch wenige Augenblicke, bis wir vor dem Terminal stehen und wieder einmal amerikanische Luft atmen... Die ich jedoch augenblicklich, aber natürlich in der dafür ausgewiesenen Zone, mit dem Rauch einer lang entbehrten Zigarette vermische. Da Heathrow ein komplett rauchfreier Flughafen ist, habe ich die letzte Zigarette vor gefühlt unendlich langer Zeit auf dem Düsseldorfer Flughafen geraucht.

Um unseren Mietwagen abzuholen nehmen wir den Shuttlebus vom Terminal zum Autoverleih, wo die Formalitäten für die Übernahme des Fahrzeugs relativ schnell erledigt sind.

Den Wagen können wir uns entsprechend der gebuchten Klasse auf dem Hof selbst aussuchen. Nach intensiver Inaugenscheinnahme des Angebots entscheiden wir uns schließlich für einen schwarzen Dodge Van. Der bietet nicht nur ausreichend bequeme Sitzplätze für uns, sondern auch viel Stauraum für unsere sicherlich zahlreichen Einkäufe in den nächsten Wochen.

Unser treuer Begleiter...

Nachdem wir selbst und unser zu diesem Zeitpunkt noch recht überschaubares Gepäck im Fahrzeug untergebracht sind und das gebuchte Hotel als erstes Fahrtziel einer dreiwöchigen Reise eingegeben ist, machen wir uns auf den Weg.

Zum *Holiday Inn Express & Suites* an der Pennsylvania Avenue in Ft. Washington, einem Vorort von Philadelphia, sind es knapp 52 Kilometer, was bei dem vorherrschenden Verkehr einer Fahrtzeit von ca. einer Stunde entspricht. Da wir unterwegs aber eine Pause einlegen, um unseren hungrigen Junior mit einer Pizza zu versorgen, erreichen wir das Hotel nach knapp zwei Stunden.

Inzwischen ist es früher Abend geworden. Nach dem problemlosen Einchecken, einer erfrischenden Dusche und einer kurzen

Ausruhezeit treffen wir uns in der Hotellobby, um uns einen ersten Überblick zu verschaffen und Infomaterial über Philadelphia zu bekommen. Erfreut nehmen wir zur Kenntnis, dass wir hier im Hotel am nächsten Morgen ein Frühstück bekommen werden, doch ein Abendessen, nach dem es uns jetzt gelüstet, wird leider nicht angeboten.

Holiday Inn Express in Ft. Washington

So machen wir uns mit dem Wagen auf den Weg zu einem Burgerbrater unseres Vertrauens.

Nach der Rückkehr schaffen wir noch einen kurzen Verdauungsspaziergang rund um das Hotel, bevor wir schließlich in einen tiefen Schlaf fallen und dem nächsten Morgen entgegenschlummern.

2. Tag: Philadelphia

Beim überraschend reichhaltigen Hotel-Frühstück wirft unser Junior eine Frage in den Raum, die ich mir zuvor eigentlich noch nie gestellt habe: Stammt der Philadelphia-Käse wirklich aus Philadelphia? Wir sind uns bei der Antwort nicht einig, aber eine kurze Recherche in den einschlägigen Seiten im Internet gibt uns Gewissheit: Der Frischkäse wird seit 1880 in den USA hergestellt. Obwohl die ursprüngliche Produktionsstätte in Chester (Bundesstaat New York) lag, wurde der Käse nach Philadelphia benannt, der größten Stadt Pennsylvanias.

Nachdem das also geklärt ist, beginnen wir konkrete Pläne zu schmieden, wie wir den Tag in Philadelphia verbringen werden. An der Rezeption hatten wir am Abend zuvor die Information bekommen, dass in fußläufiger Entfernung eine Bahnstation vorhanden ist, von wo wir ganz bequem und ohne Parkplatzsorgen in gut einer halben Stunde ins Zentrum von Philadelphia gelangen können.

So finden wir uns kurz darauf, gut gerüstet mit Stadtplan, geladenen Handys und allem, was man sonst braucht, bei strahlendem Sommerwetter an der Bahnstation der Linie Lansdale/Doyle wieder und erwerben Tagestickets (One Day Independence Pass, 13 Dollar für Einzelpersonen, 30 Dollar für Familien bis max. 5 Personen) für den öffentlichen Nahverkehr.

Mit dem Zug fahren wir bis Jefferson Station, von wo wir zunächst in nördliche Richtung spazieren und uns schnell in Chinatown wiederfinden. Da unser Ziel jedoch ein anderes ist, verzichten wir - wenn auch schweren Herzens - darauf, in den vielen kleinen Läden zu stöbern. Stattdessen gehen wir in östlicher Richtung auf der Arch Street, vorbei am *African American Museum* bis zur großen Grünanlage an der 6th Street, wo wir linker Hand das *National Constitution Center*, geradeaus die US-Münzanstalt sowie dieser direkt gegenüber den *Christ Church Friedhof*, auf dem unter anderem Benjamin Franklin begraben liegt, vor uns sehen.

Im Herzen von Philadelphia

Rechts von uns erstreckt sich der *Independence National Historic Park*, der geschichtsträchtigste Teil Philadelphias und von großer historischer Bedeutung für die gesamten USA.

Hier befinden sich auf relativ engem Raum u.a. (natürlich) ein großes Visitor Center, die *First Bank of the United States*, die *Carpenters Hall*, der *Independence Square*, die *Old City Hall*, die *Independence Hall* (das eigentliche Kernstück des Parks), die *Congress Hall*, der *Liberty Bell Pavillon*, das *Graff House*, in dem Thomas Jefferson wohnte, als er den Text der amerikanischen Unabhängigkeitserklärung verfasste, und schließlich der *Washington Square*, ein kleiner Park mit einer Statue George Washingtons (1732–1799) über dem Grabmal des unbekannten Soldaten.

In der Geschichte der USA ist Philadelphia eine der bedeutendsten Städte. Nach New York und vor Washington war sie von 1790 bis 1800 Nationalhauptstadt und damals die größte Stadt der USA. In Philadelphia tagte der erste und teilweise auch der zweite Kontinentalkongress sowie der Verfassungskonvent von 1787, die amerikanische Unabhängigkeitserklärung (4. Juli 1776) wurde hier verkündet und am 17. Juli 1787 die Verfassung beschlossen.

Philadelphia ist auch eine der ältesten Städte der USA. Sie war vom Stadtgründer William Penn 1681 als Hauptstadt der Quäker-Kolonie Pennsylvania geplant.

Wie historisch bedeutend Philadelphia und seine Umgebung für die USA sind, zeigt sich auch daran, dass 67 Orte den Status einer *National Historic Landmark* haben und mehr als 550 Bauwerke und Stätten des Countys Philadelphia im *National Register of Historic Places* (NRHP) eingetragen sind. Auch das älteste Postamt und den ersten Zoo Amerikas findet man in Philadelphia.

Wir entscheiden uns dafür, als erstes *Liberty Bell*, die berühmte Freiheitsglocke, zu besichtigen, die seit 2003 im *Liberty Bell Pavillon*, einem eigens für sie und die Darstellung ihrer Geschichte und der des Unabhängigkeitskrieges geschaffenen Gebäude, ausgestellt ist.

So reihen wir uns in die recht lange Warteschlange ein. Schon am Morgen vor Verlassen unseres Hotels hatte ich festgestellt, dass ich mein Basecap zuhause vergessen habe, das mich auf den vorherigen Reisen immer gut vor der Sonne geschützt hat. Nun, in der Schlange in der prallen Sonne stehend, vermisse ich es schmerzlich.

Doch Sabine hat eine super Idee: Wir haben eine Info-Zeitung der Tourismusagentur von Philadelphia dabei; davon nimmt sie nun eine Doppelseite und in Nullkommanix hat sie einen perfekten Sonnenhut daraus gefaltet, der voll und ganz seinen Zweck erfüllt.

Die neidischen Blicke der anderen Wartenden sind unbezahlbar. Selbst der Ranger (das gesamte Gelände untersteht der Verantwortung des National Park Service) am Eingang des Gebäudes ist vollauf begeistert und würde mir den Hut gern abschwatzen. Da er jedoch nicht bereit ist, mir im Tausch seinen Ranger-Hut zu geben, behalte ich meinen.

...perfekter Sonnenschutz

Nach dem Passieren der Sicherheitskontrolle finden wir uns erneut in einer Warteschlange wieder. Diese hat sich vor der Freiheitsglocke gebildet, die so ausgestellt ist, dass es jedem Besucher möglich ist, einmal um sie herum zu gehen und sich natürlich auch mit ihr fotografieren zu lassen - und das dauert bei einigen Besuchern sehr lange... Während wir also geduldig warten, verschaffen wir uns aus dem Infoblatt mehr Wissen über dieses Nationalsymbol der US-Amerikaner.

Die *Liberty Bell* trägt die Inschrift: *Proclaim Liberty throughout all the land unto all the inhabitants thereof* („Verkünde Freiheit im ganzen Land für alle seine Bewohner") und wurde geläutet, als die Amerikanische Unabhängigkeitserklärung in Philadelphia am 8. Juli 1776 zum ersten Mal auf dem *Independence Square* in der Öffentlichkeit verlesen wurde.

Das Besondere an der Glocke ist ein Riss im Klangkörper, der sich fast über ihre halbe Höhe erstreckt, wodurch sie nicht funktionsfähig ist.

Die Freiheitsglocke (Liberty Bell)

Es ist bis heute unklar, wann dieser Sprung entstanden ist. Angeblich soll die Glocke im Jahr 1846 zum Geburtstag von George Washington das letzte Mal geschlagen und sich der Riss dadurch irreparabel vergrößert haben.

Nachdem wir die Glocke eingehend besichtigt und auch unsere Fotos gemacht haben, schlendern wir durch die Ausstellung, in der ihre Geschichte und die des Unabhängigkeitskrieges, aber auch die Geschichte der Abschaffung der Sklaverei, mit vielen Fotos und Texten, auch in Deutsch, sehr anschaulich und eindringlich dargestellt werden.

Kurz vor dem Ausgang, am Sammelpunkt, von dem aus die Rangertouren über das Freigelände dieses großen Komplexes starten, stoßen wir auf ein besonderes Hinweisschild. Dieses informiert darüber, dass an diesem Tag alle Ranger-geführten Außentouren wegen extremer Hitze abgesagt sind. Das nenne ich Arbeitsschutz...

Auch wir müssen nicht gleich wieder hinaus in die Sommerhitze, denn an den *Liberty Bell Pavillon* schließt sich fast unmittelbar das Visitor Center an.

Hier versorgen wir uns nicht nur mit weiteren Informationen über den Park und die verschiedenen Gebäude, sondern wir stöbern natürlich auch im reichhaltigen Angebot des Souvenir-Shops. Da ich fürchte, dass mein außergewöhnlicher Sonnenhut den Tag nicht überstehen wird, halte ich Ausschau nach einem Basecap. Doch die Preise von 25 Dollar und mehr halten mich von einem Kauf ab. So muss es der Papierhut noch tun, bis ich ein günstigeres Angebot finde.

Stattdessen beschaffen wir uns hier die (kostenlosen) zeitgebundenen Eintrittskarten für eine Führung durch die *Independence Hall*. Da wir Karten für eine Tour um 15 Uhr am Nachmittag bekommen, beschließen wir, die Zeit bis dahin mit einem Bummel durch die angrenzenden Straßen zu verbringen. Dies nicht zuletzt auch mit dem Hintergedanken, in einem Shop vielleicht ein preisgünstiges Cap zu bekommen, denn die Sonne brennt weiterhin vom wolkenlosen Himmel.

Leider müssen wir feststellen, dass es rund um das historische Gelände keine Souvenirläden gibt. Wir finden lediglich ein Geschäft, in dem wir uns mit Mineralwasser versorgen können.

Mit zunehmender Tageszeit wird es immer heißer und schattige Plätzchen sind hier recht dünn gesät.

Die Stufen vor dem Gebäude der US-Münzprägeanstalt liegen im Schatten und wir wollen uns dort etwas ausruhen, als wir erkennen, dass die Münze besichtigt werden kann. Da wir seit Jahren schon die Sondereditionen der US-Quarter sammeln, die u.a. auch hier in Philadelphia geprägt werden, zögern wir nicht, zwei Fliegen mit einer Klappe schlagen zu können: einen schattigen kühlen Aufenthaltsort zu finden und uns zeigen zu lassen, wie im wahrsten Sinne des Wortes Geld gemacht wird.

Die Münzprägeanstalt US Mint

Gleich bei der Sicherheitskontrolle am Eingang weist man uns eindringlich darauf hin, dass im gesamten Gebäude nicht fotografiert werden darf. Eine Führung findet nicht statt, wir dürfen den Rundgang eigenständig machen. Dieser beginnt mit einer Rolltreppe in die obere Etage, wo uns zuerst eine Darstellung der Geschichte der Münzprägeanstalt erwartet.

Die Münze ist eine Bundesbehörde mit Hauptsitz in Washington D.C. und heißt offiziell *United States Mint*. Neben der Niederlassung in Philadelphia, die 1792 gegründet wurde und somit die älteste ist, gibt es weitere Niederlassungen in Denver, San Francisco und West Point. In Philadelphia befindet sich auch die zentrale Gravier- und die Grafikanstalt.

Außer den normalen Münzen werden hier auch viele Münzen und Medaillen für Sammler und Anleger, z.B. Gedenkmünzen, Medaillen und der Eagle in Gold, Silber und Platin geprägt. Zum Schutz der Produktionsstätten, der Rohstoffe und der fertigen Produkte ist eine eigene Bundespolizei zuständig: Die *United States Mint Police*. Sie ist die älteste Polizeibehörde des Bundes und einige ihrer Mitglieder haben wir am Eingang kennengelernt.

Neben der Geschichte der Münze selbst erfahren wir auf unserem Rundgang sehr viel über die Herstellung von Münzen und Medaillen, angefangen von den Rohstoffen, über den Entwurf der zu prägenden Motive bis hin zur fertigen Münze. An einer Station kann man sogar selbst Münzen entwerfen und diese im Computersystem der *US Mint* speichern, was wir mit unseren Entwürfen auch machen - wer weiß, vielleicht werden sie ja irgendwann mal auf einer Münze verewigt...

Der Rundgang ist so geführt, dass man von oben, natürlich abgeschirmt durch dicke Glasscheiben, in die Produktionshallen hineinsehen und so die gesamten Fertigungsprozesse beobachten kann. Am Ende schauen wir dann staunend auf riesige BigBags voll mit Geldmünzen... und denken, wenn man auch nur einen Sack unauffällig hinaustransportieren könnte....

Der Rundgang durch die Münze endet, wie sollte es anders sein, im Souvenir-Shop. Es ist erstaunlich, was man alles mit dem Logo einer Münzprägeanstalt an den Mann bzw. die Frau bringen kann. Und ich gestehe, dass ich seither ein Basecap mit eben diesem Logo trage, aber der Preis war überraschend günstig und die Sonne draußen einfach viel zu heiß.

So geht es mit schützender Kappe durch die noch immer flirrende Hitze zum gegenüberliegenden *Christ Church Friedhof*, wo unter anderem Benjamin Franklin, einer der Gründerväter der USA und zudem Verleger, Naturwissenschaftler und Erfinder (Blitzableiter) seit 1790 begraben liegt.

Überrascht stellen wir am Eingang fest, dass für den Besuch des Friedhofs eine Eintrittsgebühr von 2 Dollar pro Person erhoben wird. Dann fällt uns auf, dass nur wenige Schritte von uns entfernt andere Touristen vom Bürgersteig aus durch den Zaun ein Grab fotografieren. Neugierig nähern wir uns und stellen fest, dass es Franklins Grab ist, das hier direkt am Zaun liegt. Abgedeckt ist es mit einer einfachen Marmorplatte, auf der lediglich die Inschrift „Benjamin und Deborah Franklin 1790" aufgebracht ist.

Auf der Grabplatte liegen zahlreiche Pennies, die von Touristen darauf geworfen werden, weil es Glück bringen soll. Sie erinnern an das Franklin zugeschriebene Sprichwort „Ein gesparter Penny ist ein verdienter Penny" im Sinn von: Kleinvieh macht auch Mist. Angeblich sollen so mehrere Tausend Dollar pro Jahr zusammenkommen, die für karitative Zwecke verwendet werden.

Natürlich werfen auch wir jeder einen Penny durch den Zaun auf die Grabplatte, in der Hoffnung, dass es uns Glück bringen wird, aber auch in dem Wissen, zu einem guten Zweck beizutragen.

Pennies auf der Grabplatte

Ein Blick auf die Uhr verrät, dass noch genügend Zeit ist, bis wir uns zur *Independence Hall* begeben müssen, wo wir uns 30 Minuten vor der eigentlichen Führung an einem Sammelpunkt einfinden sollen.

Daher machen wir noch einen kurzen Abstecher zum nahegelegenen *National Constitution Center*. Dieses vermittelt die Entstehungsgeschichte der US-Verfassung sowie die Auswirkungen, die der Text der Verfassung und ihrer Zusatzartikel im Laufe der Geschichte auf die US-Gesellschaft, aber auch auf die Stellung der USA in der Welt hatte und bis heute hat.

An der Fassade des modernen Gebäudes prangen in riesigen Lettern die ersten Worte der US-amerikanischen Verfassung: *„We the People..."* - in voller Länge übersetzt: *„Wir, das Volk der Vereinigten Staaten, von der Absicht geleitet, unseren Bund zu vervollkommnen, die Gerechtigkeit zu verwirklichen, die Ruhe im Innern zu sichern, für die Landesverteidigung zu sorgen, das allgemeine Wohl zu fördern und das Glück der Freiheit uns selbst und unseren Nachkommen zu bewahren, setzen und begründen diese Verfassung für die Vereinigten Staaten von Amerika".*

Das National Constitution Center

Beim Blick auf die Wegweiser, die im Gebäude zu den verschiedenen Ausstellungsbereichen führen, ist uns schnell klar, dass unsere Zeit für einen Besuch dieser sicherlich sehr interessanten Ausstellung nicht reichen wird. Daher beschränken wir uns auf eine Prüfung des Angebots des Souvenir-Shops (natürlich mit Erwerb diverser kleiner Erinnerungsstücke) und auf einen Kaffee im Museums-Café.

Dann machen wir uns auf den nicht allzu langen Weg zur *Independence Hall.*

Die Independence Hall

Am Eingang bzw. an der Sicherheitskontrolle ist der Andrang überschaubar, so dass wir schneller als erwartet am Sammelpunkt, dem kleinen Platz hinter der *Independence Hall,* eintreffen und hier noch einige Zeit auf einer Bank im Schatten verweilen können. Die Gelegenheit nutzen wir, um uns vorab anhand der Informationsbroschüre des National Park Service über das Gebäude zu informieren.

Die *Independence Hall* war ursprünglich als Parlamentsgebäude von Pennsylvania gebaut und hieß folglich *Pennsylvania State House*. Es wurde 1741 fertiggestellt. Von 1753 bis 1876 hing die *Liberty Bell* im Glockenturm des Gebäudes.

Im Hof der Independence Hall

In der Independence Hall tagte ab 1775 der zweite Kontinentalkongress und unterzeichnete schließlich 1776 die von Thomas Jefferson ausgearbeitete Unabhängigkeitserklärung. 1787 traf sich an gleicher Stelle die Philadelphia Convention, die die Verfassung der USA ausarbeitete und unterzeichnete.

Aufgrund dieser herausragenden geschichtlichen Bedeutung wurde das Gebäude 1979 zum UNESCO-Weltkulturerbe erklärt. In der Begründung dazu heißt es u.a.: „...In diesem schönen Gebäude aus dem frühen 18. Jahrhundert in Philadelphia wurde die Unabhängigkeitserklärung verabschiedet und die Verfassung der Vereinigten Staaten von Amerika formuliert.

Diese Ereignisse, die 1776 bzw. 1787 stattfanden, waren nur von nationaler Bedeutung, aber die universellen Prinzipien von Freiheit und Demokratie, die in diesen beiden Dokumenten dargelegt sind, haben einen tiefgreifenden Einfluss auf Gesetzgeber und politische Denker in der ganzen Welt gehabt.

Sie wurden zum Vorbild für ähnliche Chartas anderer Nationen und können als Vorbote des modernen Regierungszeitalters betrachtet werden..."

Während wir noch über diese welthistorisch bedeutsamen Ereignisse nachdenken, vernehmen wir den Ruf einer Rangerin, die ihre Gruppe, also auch uns, für die Besichtigungstour des Gebäudes zusammenruft.

Wir versammeln uns zunächst in einer Art Vorraum, wo wir von unserem Guide in humoriger Weise eine Einführung in die Tour bekommen. Anschließend geht es in die *Pennsylvania Supreme Court Chamber*, ursprünglich ein Gerichtssaal und bis 1791 Tagungsort des Obersten Gerichts von Pennsylvania.

Nach umfangreichen Erläuterungen durch unseren Guide, gespickt mit amüsanten Anekdoten und kleinen Quizrunden für die teilnehmenden Kids, und der ausreichenden Gelegenheit, hier Fotos zu machen, führt sie uns weiter in den *Assembly Room*, damals Hauptort des Geschehens.

Hier tagten die jeweiligen Akteure und arbeiteten die Unabhängigkeitserklärung bzw. später auch die Verfassung aus. Für uns ist dies alles interessant, aber bei einem verstohlenen Blick in die Runde der amerikanischen Mitglieder unserer Gruppe erkennen wir, dass manche regelrecht ergriffen sind und ehrfürchtig schweigend in diesem Raum stehen.

Der Assembly Room

Nach reichlich bemessener Besichtigungsdauer werden wir noch in verschiedene andere Räume geführt, darunter der *Committee Room* und die *Governor's Council Chambers*, wo uns unser Guide weitere umfassende Informationen gibt.

Als wir wieder ins Freie gelangen und vor dem Gebäude stehen, verweist unser Guide noch auf den Glockenturm, der schon in vielen Spielfilmen als Handlungsort diente. Nicolas Cage in „Das Vermächtnis der Tempelritter" ist uns da als Beispiel noch lebhaft in Erinnerung...

Und da wir nun über das Thema Filme sprechen erinnern wir uns auch an die berühmte Szene aus dem Film „Rocky", in der Sylvester Stallone zahlreiche Treppenstufen hinaufläuft und oben angekommen die Arme triumphierend hochstreckt - und das war, davon sind wir in diesem Moment fest überzeugt, am Rathaus von Philadelphia.

Dass die Szene nicht am Rathaus gedreht wurde, stellen wir erst fest, als wir nach einem etwas längeren Spaziergang durch die Straßen von Philadelphia, unterwegs gestärkt durch frische Donuts, dort ankommen. Tatsächlich umrunden wir das Gebäude zweimal und spazieren durch den Innenhof - aber finden keine Treppe, die zu der Szene passt.

Das Rathaus von Philadelphia

Etwas ratlos und erschöpft, da es noch immer sehr warm ist, lassen wir uns auf einem Sims nieder. Eine kurze Recherche im Internet (die wir zugegebenermaßen viel früher hätten machen sollen) gibt uns die Information, dass die Szene vor einem

Universitätsgebäude quasi am anderen Ende von Philadelphia gedreht wurde. Um dorthin zu gelangen, ist der Weg angesichts der jetzt doch bereits fortgeschrittenen Tageszeit zu weit. So müssen wir auf Fotos, die uns in Rocky-Pose zeigen, leider verzichten.

Ein Blick auf den Stadtplan zeigt uns jedoch, dass das berühmte *Love*-Zeichen nicht allzu weit von unserem jetzigen Standort entfernt im *Love Park* steht. Der heißt eigentlich *John F. Kennedy Plaza*, wurde aber scherzhaft in *Love Park* umgetauft, als hier 1970 die Reproduktion der *Love-Skulptur* von Robert Indiana aufgestellt wurde.

Das recht lieblos zur Schau gestellte Zeichen reißt uns nicht wirklich zu Begeisterungsstürmen hin, doch Kunst liegt nun mal im Auge des Betrachters. Auch der Platz selbst lädt uns nicht zu einem längeren Verweilen ein.

Wir nutzen den Aufenthalt lediglich für eine kurze Erholungspause, denn noch immer ist es heiß und wir sind bereits seit dem frühen Morgen unterwegs. Inzwischen ist es fast 18 Uhr und wir haben noch die Bahnfahrt zurück zum Hotel vor uns.

Der Weg zum Bahnhof führt vorbei am Kaufhaus *Macy's* und natürlich müssen wir, trotz unserer leichten Erschöpfung, hineingehen, um uns nach evtl. Schnäppchen umzusehen.

Die finden wir trotz intensiver Suche nicht, doch sind wir fasziniert von der großen Orgel, die sich auf der 1. Etage dieses Kaufhauses befindet und die gerade während unseres Aufenthaltes dort gespielt wird... von einem Könner! Das Zuhören ist wirklich ein Genuss und es fällt uns schwer, uns loszureißen, doch es muss sein.

Orgel im Kaufhaus Macy's

Die Rückfahrt mit dem Zug erweist sich als genauso problemlos wie die Fahrt am Morgen.

Nach dem erlebnisreichen Tag haben wir uns dann eine Dusche im Hotel mehr als verdient; eine kleine Ruhepause hängen wir gleich hintendran.

So erholt machen wir uns schließlich mit dem Auto auf den Weg, um zu Abend zu essen, wobei diesmal unsere Wahl... auf einen Burgerbrater fällt.

3. Tag: Philadelphia - Painted Post

Nach einer erholsamen Nacht, einem stärkenden Frühstück mit reichlich Kaffee sowie einer ausgeklügelten Beladung unseres Autos starten wir am frühen Vormittag zu unserer nächsten Station, einem Supermarkt. Hier decken wir uns mit einem größeren Mineralwasservorrat und weiteren mehr oder weniger notwendigen Dingen für die Tour ein. Nachdem auch diese Dinge alle ordentlich im Fahrzeug verstaut sind geht es richtig los.

Unser heutiges Tagesziel ist Painted Post im Staat New York, etwa 400 Kilometer in nordwestlicher Richtung von Philadelphia. Als reine Fahrtzeit über die I-476 N nennt uns das Navigationsgerät knapp 4 Stunden. Das gibt uns Gelegenheit für den einen oder anderen Zwischenstopp unterwegs, da Painted Post selbst nicht allzu viele Sehenswürdigkeiten aufweist und wir den Ort quasi nur als Übernachtungsstelle auf dem Weg zu den Niagara-Fällen ‚eingebaut' haben.

Painted Post ist eine Kleinstadt mit knapp 2.000 Einwohnern im Steuben County, New York, westlich von Corning gelegen. Aus dem Reiseführer erfahren wir, dass der Name von einem Seneca-Indianer-Totem stammt, den Entdecker an der Kreuzung von drei lokalen Flüssen gefunden haben. Als Sehenswürdigkeiten werden eine Kirche, ein Bahnhof und das Postamt aufgeführt.

Die Route dorthin führt durch viel Natur; je weiter wir nach Norden kommen, umso geringer wird die Besiedlung. Vor Wilkes-Barre, einer etwas größeren Stadt, verlassen wir die Interstate und wechseln auf die US 15. Bei der nächsten Gelegenheit halten wir kurz an, um per Navi nach einer Shopping Mall zu suchen. Erfreut stellen wir fest, dass die *Wyoming Valley Mall* genau an dem von uns eingeschlagenen Weg liegt.

Nur kurze Zeit später parken wir unseren Wagen und betreten eine der typischen Einkaufsmalls mit zahlreichen kleinen und größeren Geschäften und Kaufhäusern.

Für das Durchstöbern des Angebotes nehmen wir uns ausreichend Zeit, so dass wir am Ende des Einkaufsbummels einiges an Ausbeute im Auto verstauen.

Wer sich übrigens fragt, wie es uns gelingt, einen Teenager für unsere Einkaufs-Stopps zu begeistern... in den Malls gibt es kostenloses WLAN!

Vor der Weiterfahrt lassen wir das Navi nach eventuell lohnenden touristischen Zwischenstopps suchen, doch erfolglos. Folglich beschließen wir, direkt zum Hotel zu fahren, dem *Ramada Wyndham*, 304 S Hamilton Street, in Painted Post.

Im Garten des Hotels

Dies ist sehr leicht zu finden, liegt es doch direkt an der Hauptdurchfahrtstraße. Wir checken am späten Nachmittag ein und stellen erfreut fest, dass unsere Zimmer zur Rückseite des Gebäudes gelegen sind, so dass uns der Straßenlärm nicht stören wird.

Allerdings haben wir ziemliche Mühe, unser Gepäck auf die Zimmer zu bekommen. Es gibt zwar einen Fahrstuhl, doch zu unserem Flur führen dann wieder einige Stufen hinunter, so dass wir die Koffer tragen müssen. Wir packen das Nötigste aus, da es ja am nächsten Tag schon weitergehen wird, und treffen uns dann in der kleinen Grünanlage des Hotels, wo neben dem Swimming Pool auch ein Holz-Pavillon zum gemütlichen Verweilen einlädt. Dort prüfen wir per Handy das Essensangebot des Ortes. Nach zweimal Burger-Dinner entscheiden wir uns diesmal für Pizza und fahren die kurze Strecke bis zur Filiale einer weltbekannten Pizza-Restaurantkette.

Die Bedienung ist sehr freundlich, der Service funktioniert perfekt und nach einem ausgedehnten Abendessen fahren wir
schließlich satt und zufrieden zurück zum Hotel, wo wir bei den
noch immer warmen Abendtemperaturen gemütlich einige Zeit
in ‚unserem' Gartenpavillon verbringen.

4. Tag: Painted Post - Niagara Falls

An diesem Morgen lassen wir uns mit der Weiterfahrt etwas Zeit. Wir gönnen uns ein gemütliches Frühstück, dann wird ohne Eile der Wagen gepackt und wir machen uns auf den Weg. Die Strecke bis Niagara Falls ist ungefähr 232 Kilometer lang, wofür das Navi ca. 2,5 Stunden Fahrzeit benennt. Das gibt uns ausreichend Zeit, um unterwegs vielleicht den ein oder anderen Stopp für Einkäufe oder Besichtigungen einzulegen.

Schon bald nach der Abfahrt ist auch schon ein entsprechendes Ziel gefunden und wir machen einen etwas längeren Bummel durch eine Shopping Mall. Die recht ansehnliche Ausbeute an preisgünstiger Kleidung wird anschließend im Wagen verstaut, dann geht es weiter.

Die Fahrt geht recht zügig über die I-390 N bis zur Ausfahrt 7, wo wir erst auf die NY-408, dann auf die NY-63 wechseln. Diese zwingt uns zu gemächlicherem Tempo, da sie über Land und durch viele kleine Orte führt.

In Piffard entdecken wir direkt an der Straße ein Postamt, wo wir natürlich anhalten.

Der kleine Verkaufsraum bietet kaum genügend Platz für uns fünf, doch der einzige anwesende Mitarbeiter zeigt sich sehr erfreut über unseren Besuch. Als er dann schnell herausfindet, dass wir aus Deutschland sind, ist er in seinem Bemühen, uns die neuesten US-Briefmarken zu zeigen, kaum noch zu bremsen.

Briefmarkensammler Erik kann sich angesichts der großen Auswahl nur schwer entscheiden. Im Gespräch mit dem netten Mitarbeiter stellt sich heraus, dass er Verwandte in Deutschland hat und diese demnächst besuchen möchte. Wir versichern ihm, dass dies ein guter Plan sei und wir uns freuen, dass er unsere Heimat kennenlernen möchte.

Erik hat schließlich seine Wahl getroffen und auch ich habe, obwohl ich nicht sammle, einige Bögen schöner Briefmarken gekauft, darunter auch welche zum 50-jährigen Mondlade-Jubiläum.

Meine Briefmarken

Versehen mit vielen guten Wünschen verlassen wir das Postamt und einen offensichtlich noch immer aufgeregten Postbeamten, der nach Feierabend vielleicht seiner Familie erzählen wird, dass er tatsächlich Kunden aus Deutschland hatte, was in diesem kleinen Ort sicher nicht allzu oft vorkommt.

Wir setzen unsere Fahrt fort, lassen die Großstadt Buffalo links liegen und kommen am späten Nachmittag in Niagara Falls an, wo wir zuerst die Ortsmitte und die dortige Tourist Information ansteuern.

Entgegen den zugegebenermaßen mehr oder weniger romantischen Vorstellungen, die ich mir vor unserem Abflug von dem Ort Niagara Falls gemacht habe, erweist sich dieser als eine Stadt mit gut 50.000 Einwohnern, vielen (leider vielfach brachliegenden) Industrieflächen und zum Teil auch tristen Wohnvierteln. Im Ortskern selbst überwiegen wie in allen Touristenorten Hotels, Souvenirshops, Restaurants und andere touristische Einrichtungen. Es ist unschwer zu erkennen, dass der Tourismus dank der Wasserfälle die Haupt-Einnahmequelle für die Stadt ist.

Um Hotel-Eincheckzeiten brauchen wir uns hier nicht zu kümmern. Erstmals haben wir für unseren 2-tägigen Aufenthalt kein Hotel, sondern ein Haus über Airbnb gemietet, die „Niagara Residence 9". Hotels in Niagara Falls sind zur Hauptreisezeit ziemlich teuer, so dass wir mit 5 Personen preislich mit dem Haus günstiger liegen. Und da der Schlüssel hinterlegt ist, können wir einziehen, wann wir wollen.

Doch zunächst verschaffen wir uns im Visitor Center einen Überblick darüber, was wir am nächsten Tag an den Niagarafällen unternehmen können. Und ein wenig Herumalbern muss auch sein, schließlich haben wir Urlaub. Also wird das hier vor einem Foto der Wasserfälle aufgestellte Fass selbstverständlich auch von uns als Fotomotiv genutzt.

Spaß muss sein

Anschließend machen wir noch einen kleinen Spaziergang in Richtung *Niagara State Park*, doch für einen Besuch der Fälle und für weitere große Unternehmungen ist es heute schon zu spät. Es dämmert bereits und außerdem verspüren wir allmählich ein gewisses Hungergefühl. So fahren wir also zu ‚unserem' Haus, das wir dank des Navis auch schnell finden.

Bei einer ersten Orientierung im Haus stellen wir fest, dass die Vermieter nicht zu viel versprochen haben. Es bietet alles, was wir brauchen, sogar eine Garage ist vorhanden. Die Schlafräume sind zwar recht klein, doch für zwei Nächte ist das kein Problem.

Nachdem wir uns eingerichtet haben, suchen wir im Internet nach nahegelegenen Möglichkeiten, ein Abendessen einzunehmen. Da ein Burgerbrater nur wenige Straßen weiter eine Filiale betreibt, ist die Entscheidung schnell getroffen.

Nach dem Essen geht es zurück zum Haus, wo wir noch ein Weilchen auf der Terrasse sitzen. Doch die Müdigkeit kaum recht schnell und so geht ein weiterer Urlaubstag zu Ende.

5. Tag: Niagara Falls

Wir sind früh auf den Beinen und nach einem selbst zubereiteten Frühstück mit viel Kaffee machen wir uns ‚mit leichtem Gepäck‘ auf den Weg in die Innenstadt.

Wir finden einen freien Parkplatz am Visitor Center und begeben uns auf den Fußweg zum *Niagara Falls State Park*. Hier reihen wir uns in eine der zum Glück relativ kurzen Warteschlangen ein, um Tickets für die *Maid of the Mist Tour* zu kaufen.

Diesen Titel trägt die Bootstour an und zu den Niagarafällen auf der amerikanischen Seite. Die Tour gibt es bereits seit 1846 und sie gehört somit zu den ältesten kontinuierlich bestehenden Touristikangeboten der Welt.

Nachdem wir jeweils unsere knapp 23 Dollar für die Tour bezahlt haben, gehen wir zum ca. 86 m hohen *Observation Tower*, von dessen Zugangsrampe man bereits einen tollen Blick nach links auf die amerikanischen Fälle und nach rechts auf die *Rainbow Bridge* hat. Genau in deren Mitte befand sich früher der Grenzübergang von den USA nach Kanada, doch inzwischen wurde dieser an das Ende der Brücke verlegt.

Im Turm selbst fahren Fahrstühle hinunter zum Fluss, wo sich die Anlegestelle der *Maid of the Mist* befindet.

Die amerikanischen Fälle (im Hintergrund die kanadischen Fälle)

Die Boote fahren im Abstand von ca. 10 Minuten, so dass wir keine allzu lange Warteschlange vorfinden. Dennoch stockt diese zwischendurch, da jeder Passagier, auch wir, an einem Stand ein blaues Plastikcape bekommt, das angesichts der Wassermengen der Fälle davor schützen soll, durchnässt zu werden.

Derart ausgestattet finden wir uns kurz darauf mit ca. 300 anderen Menschen auf dem Oberdeck des Ausflugsschiffes wieder.

Die Niagarafälle sind Wasserfälle des gleichnamigen Flusses an der Grenze zwischen dem US-Bundesstaat New York und der kanadischen Provinz Ontario. Der Niagara-Fluss verbindet den Eriesee mit dem Ontariosee.

Auf der amerikanischen Seite befinden sich die *American Falls* und die davon durch zwei Inseln abgetrennten kleineren *Bridal Veil Falls* (Brautschleier-Fälle). Die, wie wohl nicht nur ich meine, attraktiveren *Horseshoe Falls* (Hufeisenfälle) gehören überwiegend zu Kanada.

Die American Falls

Die *American Falls* haben eine Breite von 260 m und stürzen max. 34 m tief auf unzählige abgestürzte Felsen, während die freie Fallhöhe der *Horseshoe Falls* 57 m beträgt.

Im Schnitt strömen ca. 5750 m³ Wasser pro Sekunde durch den Niagara-Fluss. Davon stürzen ca. die Hälfte, 2832 m³/s, die Fälle hinunter. Die restlichen Wassermassen werden zur Stromgewinnung vorher umgeleitet.

Das Schiff legt pünktlich ab und gleich merken wir die Unruhe des Wassers, es ist durchaus ratsam, sich irgendwo festzuhalten, zumindest aber einen festen Stand zu suchen. Je näher wir den *American Falls* kommen, umso heftiger schaukelt das Boot und der Sinn der Plastikcapes erschließt sich jedem, der hier auf Deck steht - das Wasser spritzt ziemlich heftig aus allen Richtungen auf uns.

Der Anblick der Fälle aus dieser Perspektive ist imposant und unzählige Handykameras klicken im Dauerbetrieb.

Der absolute Höhepunkt der Tour ist jedoch die Annäherung des Bootes an die *Horseshoe Falls*, wo es uns wegen des heftigen Schaukelns des Bootes und der großen Wassermengen, die uns trotz der Schutzcapes ziemlich nass machen, gar nicht mehr möglich ist, Fotos zu schießen. Wir versuchen uns Halt zu verschaffen und betrachten staunend die Kraft der Natur.

Auf dem Rückweg begegnet uns ein Boot, dessen Passagiere in rote Capes gehüllt sind. Es ist ein Ausflugsboot, das auf der kanadischen Seite gestartet ist.
Es ist offensichtlich, dass beide Nationen von dem Naturschauspiel profitieren, was wir im Verlauf unseres zweitägigen Aufenthalts auch immer wieder feststellen.

Zurück an Land fahren wir mit dem Fahrstuhl wieder hinauf zur Aussichtsplattform, doch leider verhindert ein einsetzender heftiger Gewitterregen, dass wir von dort noch viele Fotos machen können. Blitzschnell ist die gesamte Umgebung in starken Dunst gehüllt.
Da wir noch immer unsere Schutzcapes tragen, können wir unsere Besichtigungstour durch das Gelände des Niagara State Parks aber fortsetzen. Es wurden Wege und Brücken angelegt, um auch zu Fuß so nah wie möglich an die Fälle heranzukommen.
Zunächst aber müssen wir natürlich noch einen Stopp im Souvenir-Shop einlegen, den wir auch mit einer ansehnlichen Ausbeute an Postkarten und anderen netten Kleinigkeiten wieder verlassen.

Das Wetter hat sich inzwischen erheblich verbessert und so schlendern wir durch den Park zur nächsten Attraktion, der *Cave of the Winds*. Ursprünglich war die „Höhle der Winde" eine ca. 30 x 30 x 30 Meter große natürliche Höhle hinter den *Bridal Veil Falls*, entdeckt 1834. Diese wurde jedoch in den 20er Jahren verschüttet. Danach begann man, für die Touristen an fast der gleichen Stelle einen sicheren Zugang zu schaffen, der erst per Fahrstuhl und dann über Gänge und Holzstege bzw. Plattformen bis ganz dicht heran zum Fuß der *Bridal Veil Falls* führt.
Am Ticketschalter zahlen wir jeweils 19 Dollar und erhalten Eintrittskarten, die uns einen Zutritt in 90 Minuten ab jetzt ermöglichen. Somit verbleibt uns noch reichlich Zeit für einen Spaziergang zur Sturzkante der *American Falls*. Die Besucherplattform befindet sich zwischen den *American* und den *Bridal Veil Falls*. Angesichts der Lautstärke des hinabstürzenden Wassers ist es

kaum möglich, sich zu unterhalten, eine Verständigung ist nur schreiend möglich. Aber hier oben direkt zwischen den beiden tosenden Wasserfällen zu stehen ist wirklich beeindruckend.

Dann ist es Zeit für unseren Termin in der *Cave of the Winds*. Vor der großen Eingangshalle hat sich bereits eine Warteschlange gebildet. Doch bevor der Einlassbereich geöffnet wird, prüfen Mitarbeiter im Vorbeigehen die Tickets. Dabei stellt sich heraus, dass einige Besucher in der Reihe stehen, die entweder noch gar keine Tickets oder welche für eine andere Einlasszeit gebucht haben. Da diese die Warteschlange verlassen müssen, geht es doch zügig hinein.

Wir finden uns in einem großen Raum wieder, der historisch wirken soll und in dem eine Anzahl an Sitzbänken aufgestellt sind. Als alle sitzen gibt es eine Erläuterung dessen, was uns gleich erwartet, und die Ankündigung, dass wir zuerst einen Film zu sehen bekommen. Dieser befasst sich insbesondere mit Nikola Tesla, der hier einst das erste Kraftwerk baute, und mit der Geschichte der Stromerzeugung.

Nach Ende des Films öffnen sich die Türen im hinteren Bereich, durch die wir in einen großen Umkleideraum gelangen. Jeder

Besucher erhält ein Plastik-Cape, jetzt jedoch in Gelb, sowie ein Paar Gummi-Sandalen, die hier in verschiedenen Größen in Unmengen vorrätig gehalten und von mehreren netten jungen Leuten an die Besucher ausgegeben werden. Die Capes dürfen wir übrigens ebenso behalten wie die Sandalen, deren Qualität gar nicht so schlecht ist - ich trage meine bei entsprechendem Wetter heute noch.

Unsere eigenen Schuhe und Strümpfe verstauen wir in unseren Rucksäcken und Taschen, die unter den Regenschutzcapes vor Wasser geschützt sind.

So gerüstet besteigen wir den Fahrstuhl in die Tiefe und finden uns nach kurzer Fahrzeit in einem langen, leicht abschüssigen Felsengang wieder, an dessen Ausgang gerade mehrere Mitarbeiter mit dem vergeblichen Versuch beschäftigt sind, eine Schlange einzufangen. Das beschleunigt unsere Schritte doch erheblich.

Doch nachdem der „Gefahrenbereich" hinter uns liegt, bleiben wir auf dem Holzsteg zum Fuß der Fälle stehen und lassen die Umgebung auf uns wirken. Trotz der unzähligen Touristen, die hier ständig entlang gehen, hat sich eine große Vogelkolonie, überwiegend Möwen, angesiedelt, die sich von den Menschen um sie herum in keiner Weise stören lassen.

Möwenkolonie

Auf unserem Weg über die Holzstege und Plattformen zum *Hurricane Deck* unterhalb der *Bridal Veil Falls* bleiben wir immer wieder stehen, um Fotos und kurze Filmaufnahmen zu machen.

Der Lärm des Wassers ist hier noch lauter als an der Oberkante, wir müssen regelrecht schreien, um uns zu unterhalten. Dazu kommt ein recht intensiver Wind, der durch das Wasser erzeugt wird, daher auch die Bezeichnung *Hurricane Deck*.

Am Hurricane Deck

Als wir dort ankommen heißt es erst einmal warten. Eine vierköpfige Touristenfamilie hat es sich offensichtlich in den Kopf gesetzt, die meisten und schönsten Fotos von diesem Motiv an diesem Tag zu machen. Bis sie endlich auch das letzte Bild geschossen haben sind fast 15 Minuten vergangen und die Warteschlange hinter uns ist schon recht ansehnlich geworden. Dennoch nehmen auch wir uns die Zeit, hier zu posieren und unsere Aufnahmen zu machen.

Am Fuß der American Falls

Das Wasser spritzt so stark, dass wir trotz unserer Umhänge irgendwann ziemlich nass sind, was wir als Signal zum Aufbruch verstehen. Auf dem Weg, den wir gekommen sind, verlassen wir die *Cave of the Winds* wieder - nicht jedoch, ohne im Felsengang zum Fahrstuhl nach oben intensiv nach einer eventuell noch dort herumkriechenden Schlange Ausschau zu halten.

Um wieder richtig trocken zu werden halten wir uns noch eine Zeitlang im Park auf und gönnen auch unseren Beinen eine längere Pause zum Ausruhen.

Angesichts der schon fortgeschrittenen Tageszeit nutzen wir die Gelegenheit, um Pläne für den restlichen Tag bzw. den Abend zu schmieden. Schnell ist beschlossen, dass wir zum Haus zurückfahren, uns frisch machen, etwas ausruhen und dann wieder in die Stadt bzw. zum *Niagara State Park* fahren. Dieser bietet auch am Abend eine Attraktion: Die Fälle werden in der Dunkelheit beleuchtet und auf der kanadischen Seite gibt es ein Feuerwerk. Das wollen wir uns keinesfalls entgehen lassen.

So fahren wir wieder in die Stadt, versuchen diesmal jedoch, auf einen zum Parkeingang näher gelegenen Parkplatz zu gelangen. Dabei spielt uns das Navi einen kleinen Streich. Wir folgen einer Straße, die angeblich zu Parkplätzen führt, und finden uns plötzlich in einer Einbahnstraße wieder, die ohne Wendemöglichkeit direkt auf die *Rainbow Bridge* bzw. den Parkplatz des davor auf US-Seite liegenden Duty-Free Shops zu führt. Auf dem Parkplatz halten wir zunächst ratlos an, denn wir wollen an diesem Abend definitiv noch nicht nach Kanada. Wir steigen aus, um die Örtlichkeit nach einem Ausweg abzusuchen, doch es scheint unmöglich.

Schließlich wenden wir uns an die Mitarbeiter des Shops. Offensichtlich sind wir nicht die ersten, denen dieses Missgeschick passiert, denn einer von ihnen kommt sofort mit uns nach draußen. Er räumt einen Pylon beiseite und öffnet uns so einen Rückweg. Wir bedanken uns herzlich und setzen unsere Fahrt fort, die wir sicherheitshalber dann doch auf dem uns bereits gut bekannten Parkplatz am Visitor Center enden lassen.

Wir bummeln durch die anliegenden Straßen, auf der Suche nach einer Gelegenheit für ein schnelles Abendessen, die wir auch finden.

Dann spazieren wir wieder in den Park. Die Ankündigung in der Broschüre der Parkverwaltung hat nicht zu viel versprochen. Gemeinsam mit unzähligen anderen Besuchern bestaunen wir nach Einbruch der Dunkelheit die Illumination der Fälle, die wechselweise in den amerikanischen Nationalfarben blau, weiß und rot angestrahlt werden.

Und auch das Feuerwerk ist durchaus sehenswert.

.. Rückblickend jedoch sei allen, die dieses Spektakel ebenfalls einmal erleben möchten, empfohlen, die Illumination von der kanadischen Seite aus zu beobachten, da von dort die Effekte viel besser zu sehen sind.

Nach diesem erlebnisreichen Tag fallen wir zu ziemlich später Stunde müde ins Bett.

6. Tag: Niagara Falls - Toronto

Es geht wieder recht früh hinaus aus den Betten. Mit etwas Wehmut packen wir unsere Habseligkeiten ins Auto, räumen auf und verlassen ‚unser' Haus. Hier zu wohnen war eine völlig neue Erfahrung - und keinesfalls eine negative.

Doch jetzt folgt die nächste Etappe unserer Reise. Heute werden wir die USA vorläufig wieder verlassen und den Urlaub in Kanada fortsetzen.

Als wir jetzt die *Rainbow Bridge* ansteuern geschieht es mit voller Absicht, denn dieses Mal wollen wir die Grenze überqueren.

Die Einreise verläuft völlig unkompliziert. Der Grenzbeamte winkt unseren Wagen an sein Häuschen heran, lässt sich unsere Pässe geben, wirft auf jeden von uns einen kurzen Blick und wünscht uns dann eine gute Reise. Welch ein Unterschied zu der Prozedur und Belehrung durch den Beamten Mr. Schultz bei unserer ersten Einreise nach Kanada im Jahre 2000 (gerne nachzulesen im Buch „Vom Golden Gate zum Golden Nugget").

Nun sind wir also in Kanada, doch von den Niagara-Fällen wollen wir uns noch nicht so schnell trennen. Unsere heutige Etappe bis Toronto beträgt nur 128 Kilometer, so dass uns ausreichend Zeit bleibt, uns am kanadischen Ufer des Flusses umzusehen und vor allem die Fälle in ihrer Gesamtheit zu betrachten.

Zunächst suchen wir uns einen Parkplatz, was angesichts des enormen Andrangs, der hier bei allerbestem Sommerwetter herrscht, gar nicht so einfach ist. Schließlich haben wir aber doch Erfolg.

Da wir noch nicht gefrühstückt haben, steuern wir als erstes das *Table Rock Welcome Center* direkt an den *Horseshoe Falls* an. Dies wird von den Kanadiern als Herz ihres Niagara-Parks bezeichnet, da es einerseits der Zugangsbereich für mehrere Attraktionen ähnlich derer auf amerikanischer Seite ist, andererseits bietet es ein Infocenter, mehrere Souvenir-Shops und Restaurants bzw. einen Food Court.

Hier entscheiden wir uns für die Filiale einer Kette, die, ähnlich wie Starbucks, Kaffee und kleine Gerichte bzw. Snacks anbietet und uns in der nächsten Zeit zu einem treuen Begleiter werden soll: *Tim Hortons*. Die Kette wurde 1964 von dem ehemaligen Eishockeyspieler Tim Horton (er starb 1974 bei einem Autounfall) gegründet und zuletzt 2014 nach einer wechselvollen Geschichte für 8,6 Milliarden Euro von Burger King übernommen. Es gibt inzwischen mehr als 4000 Filialen in Kanada und den USA.

Von dem Frühstück gestärkt sowie nach einem ausgedehnten erfolgreichen Besuch im angrenzenden Souvenir-Shop widmen wir unsere ganze Aufmerksamkeit den *Horseshoe Falls*, denen wir an dieser Stelle sehr nahekommen.

So nah geht es mit dem Boot an die Horseshoe Falls

Nachdem wir hier genug Fotos gemacht und den Ausblick ausreichend genossen haben, schlendern wir gemütlich den Fußweg entlang des *Niagara Parkway* in nördliche Richtung hinauf.

Auf unserem Spaziergang passieren wir auch den *Skylon Tower*, einen 160 Meter hohen Aussichtsturm direkt gegenüber den Wasserfällen. Kurz überlegen wir, ob wir hinauffahren und von dort oben die Aussicht genießen sollen, doch die Fälle sind auch aus unserer tiefer gelegenen Position durchaus ansehnlich.

Der Skylon Tower

Wir schlendern gemächlich weiter bis zum nördlichen Ende des Fußweges am *Grand View Marketplace*, machen es uns auf einer

Bank gemütlich und frönen einer lieben Beschäftigung, dem Leute gucken.

Unweit von unserem Standort startet die *Wildplay Zipline to the Falls*. Diese Seilrutsche führt 670 Meter hinunter in Richtung der Basis der *Horseshoe Falls*. Man schwebt an den *American Falls* vorbei und landet auf der Aussichtsplattform am Fuße der *Horseshoe Falls*. Das ist sicherlich spektakulär, aber mit gut 70 kanadischen Dollar pro Person für unser Empfinden auch recht spektakulär im Preis. Viele andere Touristen sehen das wohl ebenso, denn wir beobachten immer wieder, wie Paare oder Familien intensiv darüber diskutieren, ob sie diese Attraktion nun nutzen sollen oder nicht.

Gestärkt durch die Erholungspause machen wir uns auf den Rückweg zum Parkplatz, überqueren dafür aber den Parkway und spazieren durch den *Queen Victoria Park* und die angrenzenden Grünanlagen, die nicht so überfüllt sind wie der Fußweg unmittelbar am Wasser. Außerdem spenden die Bäume einen bei der Hitze äußerst angenehmen Schatten.

Am frühen Nachmittag treten wir die Weiterfahrt nach Toronto an.

Toronto ist mit 2,96 Millionen Einwohnern die größte Stadt Kanadas und die Hauptstadt der Provinz Ontario. Hier leben knapp 3 Millionen Einwohner, im gesamten Großraum Toronto sind es gut 6 Millionen Menschen. Gemessen an den insgesamt 38 Millionen Einwohnern Gesamt-Kanadas ist das knapp 1/6 der Bevölkerung dieses riesigen Landes.

Toronto liegt am nordwestlichen Ufer des Ontariosees. Beginnend in den 1970er Jahren entwickelte sich Toronto bis heute zum führenden Wirtschaftszentrum Kanadas und zu einem der weltweit führenden Finanzplätze. Nicht von ungefähr ähnelt die Skyline der Stadt ein wenig der von New York.

Spuren zeigen, dass bereits vor 11.000 Jahren die ersten Ureinwohner hier siedelten. 1793 wurde die Stadt dann unter dem Namen York von den Engländern gegründet und 1834 dann in Toronto umbenannt, um Verwechselungen mit New York auszuschließen.

Der Weg nach Toronto führt uns über den *Queen Elizabeth Way* quasi direkt am Ufer des Ontario-Sees entlang bzw. zwischen Hamilton und Burlington auch per Brücke darüber.

Um zu unserem Hotel, dem *Novotel North York* in der Park Home Avenue zu gelangen, müssen wir uns durch den für einen Samstag ziemlich dichten Verkehr zwängen.

Nachdem das geschafft ist und wir problemlos im Hotel eingecheckt und unsere Zimmer bezogen haben, machen wir uns frisch und kurz darauf auch schon auf den Weg zu einer ersten Erkundung der Stadt. Das *Novotel North York* hat den unschätzbaren Vorteil, dass es einen direkten Zugang zur U-Bahn hat. So müssen wir nicht lange nach einer Station in der Umgebung suchen, sondern fahren einfach nur mit der Rolltreppe ein Stockwerk tiefer, laufen wenige Meter und befinden uns am Ticketschalter.

Novotel North York

Dadurch entgeht uns, zumindest vorerst, schon die erste Attraktion von Toronto, die sich direkt um die Ecke von unserem Hotel befindet: Die *Yonge Street* bekam einst einen Eintrag im Guinness-Buch der Rekorde als längste Straße der Welt. Sie beginnt am Ufer des Ontario-Sees, verläuft als breite Hauptstraße durch ganz Toronto und endet nach 1896 Kilometern als

Provinzstraße im Norden Ontarios. Durch Änderungen bei Zuständigkeiten und Bezeichnungen beträgt ihre eigentliche Länge heute nur noch 99 Kilometer, was aber noch immer respektabel ist. Einige dieser Kilometer werden wir hier auch noch zu Fuß zurücklegen.

Nun jedoch erst einmal die U-Bahn. Die Tickets sind schnell erworben und am Bahnsteig müssen wir auf den Zug der Linie 1, der uns zur *Queen Station* nach Downtown bringen soll, nicht lange warten. Bereits im Zug verkünden Lautsprecherdurchsagen, dass auf dieser U-Bahnlinie Arbeiten stattfinden und ein Schienenersatzverkehr eingesetzt wird. Daher ist unsere Fahrt nach drei Stopps bereits wieder beendet und wir müssen den Zug an der *Lawrence Station* verlassen, um in den Bus umzusteigen, der uns bis zur Station *Rosedale* bringt, von wo wir die Fahrt bis zu unserem Ziel wieder mit der U-Bahn fortsetzen können.

Da wir uns hier überhaupt nicht auskennen, folgen wir dem Strom der anderen Fahrgäste, um zum Abfahrtpunkt des Busses zu gelangen. Positiv überrascht stellen wir fest, dass die Verkehrsbetriebe von Toronto die Sache perfekt im Griff haben. Auf dem recht langen, teils verwinkelten Weg zwischen dem Bahnsteig und der Bushaltestelle steht ca. alle 10 Meter ein(e) freundliche(r) Mitarbeiter(in) und weist uns den Weg. An der Bushaltestelle werden wir von freundlichen Mitarbeitern empfangen, die alle Fahrgäste einweisen - und es stehen mehrere Busse bereit. Ist der erste voll, fährt er los, der nächste rückt sofort vor, usw.

Eine derart gute Organisation würden wir uns so manches Mal auch von unseren heimischen Verkehrsbetrieben wünschen....

Durch die Busfahrt lernen wir nun doch die *Yonge Street* kennen; sogar ausgiebig, denn es herrscht dichter Verkehr und der Bus muss sich langsam hindurch quälen. Obwohl es nur 3 U-Bahn-Stationen zu überbrücken gilt, dauert es fast 25 Minuten bis wir wieder aussteigen. Dank des nun schon gewohnten Einweisungsrituals der auch hier tätigen vielen MitarbeiterInnen gelangen wir zurück in die U-Bahn und setzen unsere Fahrt bis zur *Queen Station* fort. Während der Fahrt haben wir ausreichend Gelegenheit, uns zu beraten.

Angesichts der schon fortgeschrittenen Tageszeit beschließen wir, keine Besichtigungen, sondern lieber einen kleinen Einkaufsbummel zu machen. In der Nähe der U-Bahn befinden sich mehrere Geschäfte und Einkaufszentren, denen wir nun also einen Besuch abstatten. Zudem halten wir Ausschau nach einer Möglichkeit, zu Abend zu essen.

Unser Einkaufsbummel, unter anderem bei der *Hudson Bay Company*, erweist sich am Ende als recht erfolgreich, doch den Plan, hier irgendwo ein Abendessen einzunehmen, verwerfen wir alsbald, da wir keine geeignete Möglichkeit finden. So machen wir uns schließlich auf den Rückweg zum Hotel, der genauso umständlich, aber reibungslos abläuft wie die Hinfahrt.

Zurück im Hotel entledigen wir uns zunächst unserer Einkäufe und machen uns etwas frisch. Anschließend begeben wir uns in das angrenzende Einkaufszentrum, wo wir für das Frühstück am nächsten Morgen einen *Tim Hortons* finden. Außerdem befinden sich hier einige Schnellrestaurants, von denen wir eines nun für unser Abendessen auswählen.

Nach dem anschließenden Verdauungsspaziergang endet der Abend gemütlich in der Hotellobby sitzend, wo wir Pläne für den nächsten Tag schmieden.

7. Tag: Toronto

Nach dem Frühstück machen wir uns mit U-Bahn und Bus auf den schon bekannten Weg nach Downtown. Diesmal steigen wir an der *Union Station* aus, von wo es zu Fuß nicht weit zu unserem ersten Ziel am heutigen Tage ist - dem *CN Tower*. Dieser befindet sich im sogenannten *Entertainment District* in Old Toronto im Süden der Stadt. In unmittelbarer Nähe befinden sich auch das *Rogers Centre*, das Baseball-Stadion der *Toronto Blue Jays*, und das *Ripley's Aquarium of Canada*, beides ebenfalls beliebte Touristenattraktionen.

Der CN Tower

Der *CN Tower* ist 553 Meter hoch und dient als Fernsehturm. Er ist das bekannteste Wahrzeichen von Toronto. Bis 2007 war er das höchste freistehende und nicht abgespannte Bauwerk der Welt. Der Bau begann 1973 und 1976 fand die Inbetriebnahme statt. Ursprünglich sollte er nur zur Verbesserung der Funk- und Fernsehübertragung dienen und der Öffentlichkeit gar nicht zugänglich gemacht werden. Heute kommen durchschnittlich 2 Millionen Besucher im Jahr, die mit den gläsernen Aufzügen in knapp 1 Minute vom Erdgeschoss zur ersten Aussichtsplattform gelangen.

Um den Turm für die Besucher noch attraktiver zu machen, wurden Erneuerungen und Erweiterungen vorgenommen. So wurde 1994 in der Aussichtsplattform auf 342 Metern Höhe ein 23,8 m² großer und 6,35 Zentimeter dicker Panzerglasboden eingeweiht, der 38 Tonnen Gewicht tragen kann. Da viele Besucher - so auch ich - sich nicht trauen, diesen Boden zu betreten, wurde ein großer Teil davon inzwischen mit Teppichboden abgedeckt. Doch der verbliebene Rest eröffnet noch immer einen (mir) Angst einflößenden Blick in die Tiefe.

Hier gibt es zudem eine offene, mit Gittern gesicherte Außengalerie. Außerdem gelangt man von dieser Ebene mit einem separaten Aufzug auf eine weitere Aussichtsplattform, das Krähennest (*Sky Pod*) in 447 Metern Höhe. Bei klarem Wetter soll man von hier aus sogar die Gischt der Niagara-Fälle erkennen können.

Seit 2011 können ganz mutige Besucher in 356 Metern Höhe auf einem 1,50 Meter breiten Steg außen einmal den Turm umrunden. Es gibt kein Geländer, man wird mit einem Klettergeschirr gesichert. Dies soll der weltweit höchste freihändige Panorama-Spaziergang der Welt sein - aber garantiert nicht für mich...

Dennoch ist es für uns keine Frage, dass wir auf den Turm hinauffahren, um uns Toronto von oben anzusehen. An den Sicherheitskontrollen am Eingang ist es relativ leer, so dass wir diese wie auch die Kasse, wo wir unsere 54 Dollar Eintritt bezahlen, schnell hinter uns lassen. Ebenso schnell gelangen wir in den außen am Turm angebrachten Fahrstuhl mit Glaswand, wobei ich mit meiner Höhenangst strikt darauf achte, von anderen Personen umgeben zu sein, um nicht hinaussehen zu müssen - obwohl ich dennoch einen kurzen Blick riskiere.

Wir haben gerade mal die Gelegenheit, den steigenden Druck auf den Ohren zu registrieren, als der Lift auch schon wieder stoppt und wir auf der Aussichtsplattform angekommen sind.

Auf der Besucherebene

Und es lohnt sich absolut! Selbst ich bereue es nicht, hier hinauf gekommen zu sein, auch wenn ich nicht bis direkt an die Fensterscheiben trete, um den Ausblick zu genießen und Fotos zu machen.

Auch den Glasboden versuche ich tunlichst nicht zu betreten, nur ganz vorsichtig spähe ich vom Rand in die Tiefe.

Glasboden in 342 Metern Höhe

Wir umrunden die Aussichtsplattform mehrmals, von jeder Seite gibt es einen fantastischen Blick hinunter auf die Stadt.

Angesichts dieses Panoramas verwundert es nicht, dass Toronto sehr oft aus Kostengründen für Spielfilme und Serien als Kulissen-Double für New York herhalten muss. Eine gewisse Ähnlichkeit ist nicht zu bestreiten.

Zwischendurch besorgen wir uns die zeitlich festgelegten Tickets für die Fahrt weiter hinauf in das Krähennest. Die Wartezeit nutzen wir für eine Erholungspause in einer Nische - und zum beliebten ‚Leute gucken‘.

Schließlich geht es für uns noch einmal weiter hinauf - auf 447 Meter in den *Sky Pod*.

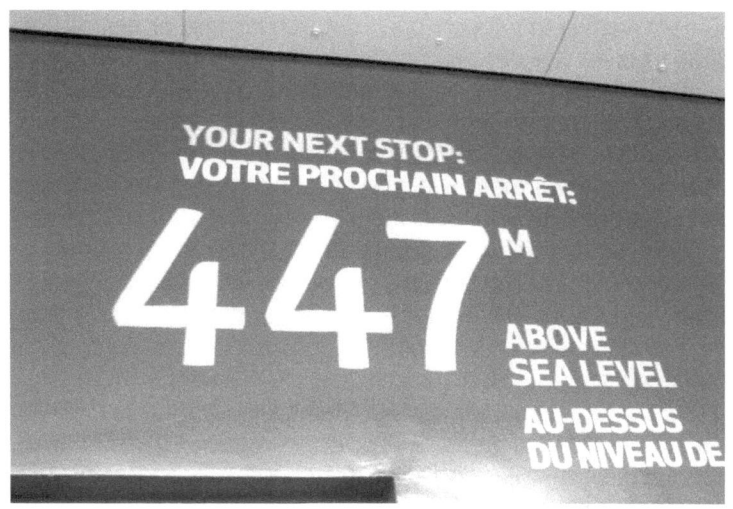

Der Bereich ist ziemlich eng und bietet nur begrenzt Platz für Besucher, daher die getimten Tickets. Von hier ist der Blick naturgemäß noch viel spektakulärer, auch wenn wir die Niagara-Fälle wegen des leichten Dunstes leider nicht sehen können.

Dieser Ausflug in luftige Höhen hat sich insgesamt definitiv gelohnt - genau wie der abschließende Bummel durch den unvermeidlich vor dem Ausgang platzierten Souvenir-Shop. Neben einigen kleinen netten Souvenirs, die schnell in meinem Einkaufskorb landen, könnte ich mich auch für einen einteiligen roten Schlafanzug erwärmen, wie man ihn aus Westernfilmen kennt. Doch der Preis dafür ist mit mehr als 100 Dollar schon herausfordernd, so dass ich mich nicht zum Kauf durchringen kann.

Bestückt mit unseren Souvenirs verlassen wir schließlich den *CN Tower* und lassen uns auf einer Mauer auf dem Vorplatz nieder, um über den weiteren Verlauf des Tages zu beraten. Toronto hat touristisch sehr viel zu bieten, da fällt die Auswahl schwer.

Zunächst spazieren wir einfach durch die Straßen und finden uns auf der Dundas Street in Chinatown wieder. Es macht Spaß, hier durch die zahlreichen Läden zu stöbern. An der Spadina Avenue machen wir dann kehrt, denn die andere Straßenseite bietet ebenso viele Anlaufstellen, um Souvenirs zu ergattern.

Da wir damit jedoch nicht den restlichen Tag verbringen möchten, nehmen wir den Stadtplan zur Hand und sehen nach, wie wir zu einer weiteren bekannten Sehenswürdigkeit kommen, der *Casa Loma*, eine Art Schloss auf einem Hügel im Norden der Stadt. Wir nehmen die U-Bahn bis *Dupont Station* an der Spadina Road und wenden uns nach links. Die Straße führt stetig leicht bergauf und endet an der Davenport Road. Hier finden wir uns vor den *Baldwin Steps* wieder.

Hierbei handelt es sich um eine öffentlich zugängliche Treppe mit 110 Stufen aus Stein und Beton, die aus dem 19. Jahrhundert stammt. Die Treppe verläuft im Zick-Zack, dazwischen sind Ebenen (zum Ausruhen) eingebaut. Das Gelände gehörte früher einer Familie Baldwin, daher der Name.

Zur *Casa Loma* gibt es auch einen anderen, nicht so schweißtreibenden Weg, doch wir haben Ehrgeiz. Auch wenn wir am Ende ziemlich aus der Puste sind, schaffen wir es, die Treppe zügig zu bewältigen. Der Ausblick hinunter auf die Stadt ist super und verdient es, im Bild festgehalten zu werden.

Blick auf Toronto

Wir gehen nach links und stehen nur wenig später vor der *Casa Loma*.

Dass dieses burgähnliche Herrenhaus, das zwischen 1911 bis 1914 von Sir Henry Pellatt für ca. 3,5 Millionen kanadische Dollar als Wohnhaus erbaut wurde, heute eine der größten Touristenattraktionen von Toronto ist, merken wir unmittelbar an der langen Warteschlange vor dem Eingang Somit bleibt Zeit genug, um uns noch ein paar weitere Informationen über dieses einer mittelalterlichen europäischen Burg ähnelnde Gebäude zu verschaffen.

Bei seiner Fertigstellung 1914 war das Schloss mit 98 Zimmern die größte private Residenz Nordamerikas. Den Bewohnern fehlte es nicht an Komfort, wie z.B. einem Aufzug, einem riesigen Ofen, der groß genug war, um einen Ochsen zu braten, einer Zentralheizung, zwei Geheimgängen zum Büro des Hausherrn im Erdgeschoss und drei Bowlingbahnen.

Während des Ersten Weltkriegs verarmte Sir Pellatt und musste 1923 ausziehen. 1924 wurde das Schloss zu einem Spottpreis versteigert. Von 1925 bis 1929 war es ein (erfolgloses)

Luxushotel. Schließlich erwarb die Stadt Toronto das Objekt und machte es 1937 der Öffentlichkeit zugänglich; heute ist es mit dem zugehörigen großen Garten ein Museum.

Die Casa Loma

Nachdem wir unseren Eintritt von 32,49 Dollar bezahlt haben, lässt man uns in dieses eigenartige Gebäude hinein, das nicht so recht in diesen Teil der Welt passen will. Wir betreten die große Empfangshalle, von der Treppen nach oben auf lange Flure führen, von denen aus zahlreiche Zimmer erreichbar sind. Unzählige Gemälde und Museumsstücke sind hier ausgestellt, ebenso die noch erhaltene Einrichtung aus der Zeit, als das Schloss bewohnt war. Über eine schmale Stiege gelangen wir in den Turm, der eine schöne Aussicht bietet.

Casa Loma

Wieder in der Halle angelangt wählen wir den Weg hinunter in den Keller. Dort beginnt ein langer, teils etwas gruseliger unterirdischer Gang, der in die alte Remise des Schlosses führt. Hier sind alte Fahrzeuge und Gerätschaften zu besichtigen. Außerdem gibt es hier einen Zugang in den sehr schön angelegten Schlosspark.

Nachdem wir uns im Schloss und den Außenanlagen lange und gründlich umgesehen haben, machen wir draußen auf der Treppe des Gebäudes erst einmal eine Pause. Insgesamt war der Besuch dieser Attraktion schon recht interessant, doch irgendwie haben wir das alles so oder ähnlich bereits in zahlreichen europäischen Burgen und Schlössern gesehen.

Als wir uns wieder fit genug fühlen, machen wir uns auf den Rückweg zur U-Bahn-Station unterhalb der *Baldwin Steps*. Da es inzwischen bereits früher Abend geworden ist, beschließen wir, ohne weitere Zwischenstopps zum Hotel zurückzufahren. Dort angekommen machen wir uns frisch und beenden den Tag nach einem Burger-Abendessen mit einem kleinen Bummel durch das an das Hotel angrenzende Einkaufszentrum.

8. Tag: Toronto - Huntsville

Noch einmal nehmen wir das Frühstück bei *Tim Hortons* ein, bevor wir uns am Vormittag auf den ca. 215 Kilometer langen Weg zu unserem nächsten Ziel Huntsville machen. Dieser Ort, genauer gesagt das Motel *Econolodge* an der Main Street West, wird Ausgangspunkt für unseren Besuch im *Algonquin National Park* sein.

Der Ort Huntsville liegt im Norden des Muskoka District in Ontario und ist mit ca. 19.000 Einwohnern die größte Stadt dieses Distrikts. Gegründet wurde sie 1869 von einem Kapitän George Hunt. Im örtlichen Freilichtmuseum *Muskoka Heritage Place* ist ein Pionierdorf aus dieser Zeit nachgebaut worden. Dort gibt es auch Ausstellungen, die über die *First Nations* informieren.

International bekannt wurde Huntsville, als dort 2010 der G8-Gipfel veranstaltet wurde, doch sicherlich wohnten die Herrschaften seinerzeit etwas nobler als wir.

Doch auch unser Hotel, in dem wir nach einem ausgedehnten (einkaufstechnisch erfolgreichen) Zwischenstopp im großen *Outlet Center Vaughan Mills*, nördlich von Toronto an der ON-400 N, erst am späteren Nachmittag ankommen, kann sich durchaus sehen lassen.

Das Einchecken ist problemlos, die Zimmer sind hell und geräumig und das Auto können wir direkt unter dem Fenster parken. Dass es keinen Fahrstuhl gibt und wir die Koffer selbst in die erste Etage tragen müssen, stellt kein größeres Problem dar. Und dass der Frühstücksraum viel zu klein ist, werden wir ohnehin erst am nächsten Morgen feststellen.

So machen wir uns frisch und fahren ins Ortszentrum, um uns bei einem kleinen Bummel die Beine zu vertreten und gleichzeitig nach etwas Essbarem Ausschau zu halten.

Huntsville hat den Charme einer Westernstadt und die zahlreichen kleinen Läden, die an der Hauptstraße Kleidung, Schmuck, Kunstgewerbe und Handarbeiten anbieten, sind sehr verlockend. Natürlich statten wir einigen von ihnen einen Besuch ab.

In Huntsville

Zum Abschluss des Tages nehmen wir unser Abendessen in einem nagelneuen *Tim Hortons* etwas außerhalb der Stadt ein. Zurück im Hotel planen wir in gemütlicher Runde den nächsten Tag und nach einer letzten Zigarette draußen in der noch immer warmen Luft fallen wir müde ins Bett.

9. Tag: Algonquin Provincial Park

Wir sind früh auf den Beinen und das kommt uns beim Frühstück im beengten Frühstücksraum sehr zugute, denn so können drei von uns beieinandersitzen und nur zwei müssen sich einen Platz in der Lobby suchen.

Anschließend machen wir uns dann auf den Weg in den *Algonquin Provincial Park*. Bis zum Eingang des Parks sind es vom Hotel aus gut 40 Kilometer, die wir nach einer knappen dreiviertel Stunde bewältigt haben.

Wir steuern zuerst den Parkplatz des Information Centers am West Gate an, um uns mit Infomaterial zu versorgen, aber natürlich auch, um die Nutzungsgebühr von 18 Dollar pro Fahrzeug zu entrichten. Da zudem der Morgenkaffee auf die Blase drückt, wollen wir die Gelegenheit nutzen, um zur Toilette zu gehen.

Fast gleichzeitig mit uns parkt ein großer Reisebus ein und eine recht große Touristengruppe strömt noch vor uns zu den Toilettenanlagen. Wir reihen uns in die Warteschlange ein... und vernehmen deutlich sehr vertraute Töne: Wir befinden uns inmitten einer Urlaubergruppe aus Süddeutschland! Damit hätten wir in dieser Gegend nicht unbedingt gerechnet.

Da die Gespräche, die wir aufschnappen, teilweise recht persönlich sind, ziehen wir es vor, uns nicht als Landsleute zu erkennen zu geben.

Nachdem der Körper zu seinem Recht gekommen ist, erledigen wir die schon genannten Dinge im Infocenter, dann starten wir unsere Tour durch den Park.

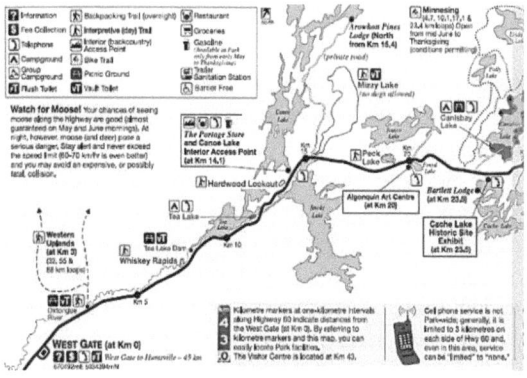

Der *Algonquin Provincial Park* ist 7725 km² groß, es gibt Laub- und Nadelwälder, Sümpfe, hohe Felswände und mehr als 2400 Seen. Algonquin ist der älteste Naturpark Ontarios und gehört seit 2002 zum noch wesentlich größeren Biosphärenreservat *Frontenac Arch.*

Der Highway 60, auf dem auch wir uns befinden, verläuft auf ca. 60 km Strecke (vom West- bis zum Osttor) durch den südlichen Teil des Parks.

Wir erfahren aus dem Infomaterial des Parks, dass ca. 3.000 Elche, 2.000 Schwarzbären, unzählige Wölfe und ca. 30. 000 Biber im Park leben.

Jährlich kommen ca. 750.000 Touristen hierher, hauptsächlich um zu wandern oder Kanu zu fahren. Dafür gibt es 1600 km Kanuruten und ca. 1500 Lagerplätze im gesamten Park.

Von verschiedenen Park- bzw. Rastplätzen gehen Wanderpfade ab, deren Länge und Schwierigkeitsgrad jeweils zu Beginn erläutert wird. Der kürzeste ist knapp einen Kilometer lang und kann in einer knappen Stunde erwandert werden. Der längste Weg kann durchaus mehr als 100 Kilometer betragen, da die Trails und Pfade kombiniert werden können.

Wir fahren zunächst auf dem Highway 60 weiter, vorbei an kleinen Seen, Wäldern und Wiesen, dabei ständig Ausschau haltend nach wilden Tieren.

Nach kurzer Fahrt halten wir auf dem Parkplatz zum *Western Uplands Backpacking Trail* an.

Bevor wir den Wagen verlassen, sprühen wir uns intensiv mit Mückenschutz ein, den wir am Vortag in Huntsville extra für den Besuch des Parks gekauft haben, denn im Sommer wimmelt es hier nur so vor Kriebelmücken.

Derart gerüstet steigen wir aus - und obwohl Mücken vorhanden sind, lassen sie uns in Ruhe. Perfekt!

Am Zugang zu diesem Trail, wie später auch zu allen weiteren, finden wir fotokopierte Infozettel, die diesen Weg, seine Highlights und den Schwierigkeitsgrad beschreiben. Zudem ist eine geschlossene Box aufgehängt, in die man eine Spende werfen kann. Das machen wir selbstverständlich. Dem Infozettel ist zu entnehmen, dass es sich hier um einen richtigen Rucksack-Wanderweg handelt, der, je nachdem, welchen Bogen man unterwegs einschlägt, zwischen 32 und 88 Kilometern lang sein kann.

Das ist uns doch etwas zu viel. Aber ein paar Hundert Meter in den Wald hinein gehen wir doch, allein schon wegen der guten Luft.

Den nächsten Stopp legen wir am *Whiskey Rapids Trail* ein, der laut dem Infoblatt lediglich 2,1 Kilometer lang und moderat angelegt ist. So machen wir uns voller Tatendrang auf den Weg durch Feld, Wald und Flur. Nach der Stadtluft ist es eine Wohltat, durch diese Umgebung zu wandern. Menschen begegnen uns auf diesem Trail so gut wie keine, die Stille wird nur durch die vielen Tiergeräusche unterbrochen.

Idylle pur

Der Weg wechselt zwischen Wald und Wiesen und führt zum Teil auch am Wasser vorbei. Trotz unseres Mückenschutzes suchen die Tiere unsere Nähe, einige von ihnen haben überhaupt keine Berührungsängste. Aber wir haben zu keiner Zeit das Gefühl, dass die Mücken uns übermäßig stechen. Unser Junior verfügt dabei sogar über die perfekte Methode, sich die kleinen Plagegeister vom Leib zu halten: Er führt eine Art Kriegstanz auf, so dass die Tiere durch seine ständigen Bewegungen offensichtlich überhaupt keine Chance haben, sich auf ihm niederzulassen.

Der Nachteil ist allerdings, dass uns damit alle Möglichkeiten entgehen, größere Tiere in freier Wildbahn zu sehen - denn bei dem Lärm nehmen diese natürlich Reißaus.

Am Ende des Rundweges müssen wir uns kurz vor dem Parkplatz noch einmal etwas anstrengen, denn der Weg endet mit einer ziemlichen Steigung. Diese wird uns aber dadurch versüßt, dass wir endlich ein leibhaftiges größeres Tier vor die Kameras bekommen - ein Eichhörnchen.

Unser erstes Wildtier...

Nächste Station ist der *Hardwood Lookout Trail*, ein nur knapp 1 Kilometer langer Rundweg. Insgesamt ein nicht anstrengender Weg, doch zwischendurch sehen wir uns mit einem ziemlich steilen und unwegsamen Anstieg konfrontiert, der zu einer aus einzelnen Steinen zusammengefügten Gedenksäule für Douglas McDonald Hains - den wir leider nicht kennen - auf dem *Hardwood Lookout* führt. Von hier aus hat man einen sehr schönen Blick auf den *Smoke Lake*.

Der Smoke Lake

Auf den etwas mühseligen Anstieg folgt ein leichtes Wegstück zurück zum Parkplatz. Dennoch ruhen wir uns am Auto noch einen Moment aus, bevor wir auf dem Highway 60 weiterfahren zu unserem nächsten Halt.

Diesen legen wir am *Lake of Two Rivers Campground Office* ein. Außer dem Camping-Büro gibt es hier einen kleinen Shop und ein Café und da wir so fleißig gewandert sind, haben wir uns eine Pause und eine Erfrischung mehr als verdient.

Erfrischt, gestärkt und mit kleinen Souvenirs ausgestattet setzen wir unsere Fahrt fort. Diese Etappe endet am *Algonquin*

Visitor Center, das 1993 anlässlich des 100-jährigen Bestehens des Parks eröffnet wurde.

Das Visitor Center

Es gibt hier unter anderem ein Museum mit erstklassigen Exponaten zur Natur- und Menschheitsgeschichte des Parks sowie eine Ausstellung über die Entstehung des Parks.

Von der Aussichtsplattform haben wir einen ausgezeichneten Blick auf die umliegende Landschaft.

Nachdem wir alles gesehen und auch hier ein paar kleine Souvenirs erstanden haben, machen wir uns auf den Rückweg, da der Highway 60 naturgemäß nicht als Rundweg ausgelegt ist.

Doch wir beschließen, noch einen weiteren Stopp zu machen, und zwar am *Big Pines Trail*.

Dies ist ein 2,9 km langer, größtenteils ziemlich ebener Loop-Trail, der durch recht dichten Kiefernwald und unter anderem vorbei an den Überresten eines Holzfällerlagers von 1880 führt.

Obwohl wir unseren Mückenschutz inzwischen erneuert haben, sind die kleinen Plagegeister auch hier wieder unsere ständigen Begleiter, erst recht, als der Weg am Wasser entlangführt. Doch wir halten uns tapfer und ignorieren den an manchen Körperstellen bereits einsetzenden Juckreiz.

Hin und wieder gibt es Steigungen, doch die lassen sich gut bewältigen. Vereinzelt treffen wir andere Spaziergänger, die genau wie wir vor allem nach größeren Wildtieren Ausschau halten. Kurz vor Ende des Rundweges werden wir schließlich belohnt. In einem See tummeln sich Biber!

Für eine ganze Weile können wir die munteren Tiere beobachten, die sich ganz offensichtlich von den anwesenden Menschen überhaupt nicht gestört fühlen.

Ein eher beiläufiger Blick auf die Uhr ist für uns dann das Signal, unseren Spaziergang auf dem Rundweg fortzusetzen und zum Auto zurückzukehren. Inzwischen ist es bereits früher Abend, aber angesichts unserer Aktivitäten und Erlebnisse am heutigen Tage haben wir gar nicht gemerkt, wie schnell die Zeit vergangen ist.

So fahren wir die gesamte Strecke wieder zurück in Richtung Huntsville.

Schon relativ nah am Parkausgang bemerken wir weiter vor uns mehrere am Straßenrand parkende Autos mit eingeschalteten Warnblinklichtern. Automatisch denken wir an einen Unfall und verlangsamen unser Tempo. Doch auf der Fahrbahn selbst ist nichts zu sehen, der Grund für die parkenden Autos und die Menschen, die über die Fahrbahn laufen, muss ein anderer sein.

Also parken wir ebenfalls und tun, was hier jetzt gerade alle tun: Wir steigen aus, überqueren die Straße und nähern uns den Personen, die alle unermüdlich fotografieren. Dann sehen wir sie. Im hohen Gras am Straßenrand steht eine junge Elchkuh und lässt sich von dem ganzen Trubel überhaupt nicht erschrecken.

Seelenruhig frisst sie Gras und man hat den Eindruck, als posiere sie bewusst für die Kameras.
Auch unsere Geräte klicken natürlich.

Diesen sehr erfreulichen Abschluss hat sich dieser Tag und haben auch wir uns ganz sicher verdient.

Nachdem wir auf dem Rückweg in Huntsville noch ein erstaunlich gutes Abendessen in einem überraschend ansprechenden Ambiente bei einem bekannten Burgerbrater eingenommen haben, geht es im Hotel erst einmal unter die Dusche. Schon beim Entkleiden stelle ich fest, dass die Mücken trotz des Schutzmittels doch nicht so nachsichtig waren, wie während des Tages vermutet. Sie haben durch die Kleidung hindurch gestochen, meine linke Schulter und die Beine weisen regelrechte Hügellandschaften von unzähligen nebeneinanderliegenden Stichen auf.

Auch die anderen hat es heftig erwischt, vor allem Heike, deren Unterschenkel stark gerötet und bereits angeschwollen sind.

Lediglich unser Junior hat mit seinen ‚Kriegstänzen' offensichtlich Erfolg gehabt, er ist mit drei kleinen Stichen davongekommen.

In dieser Nacht ist an erholsamen Schlaf nicht zu denken. Obwohl wir Gel zur Linderung auf die betroffenen Hautstellen aufgetragen haben, jucken die Stiche nicht nur, sie sind sogar recht schmerzhaft, da sie teils großflächig über verschiedene Körperbereiche verteilt sind.

10. Tag: Huntsville - Ottawa

Die Dusche nach dem Aufstehen gibt etwas Linderung. Wir packen unseren Wagen, gönnen uns noch ein Frühstück in dem kleinen Frühstücksraum. Dann startet die nächste Etappe unserer Reise... genau bis zum Postamt in der Ortsmitte, wo Erik die geschriebenen Kartengrüße auf den Weg bringen und zugleich noch einmal nach Sammlermarken stöbern will.

Doch dann geht es tatsächlich weiter, 342 Kilometer wieder über den Highway 60 in östliche Richtung bis Ottawa. Einen Teil der Strecke kennen wir noch gut vom gestrigen Tag, doch diesmal steht kein Elch am Straßenrand, keine Mücken dringen in unser Auto ein. Wir durchfahren ohne Unterbrechung den *Algonquin Park*. Auch danach bleibt die Umgebung eher ländlich, nur vereinzelt durchfahren wir kleinere bis mittelgroße Orte.

Als Gesamt-Fahrzeit gibt unser Navi knapp vier Stunden an, so dass wir lediglich, nach knapp der Hälfte der Strecke, einen Tankstopp und eine schon liebgewordene Kaffeepause bei *Tim Hortons*, diesmal in Barrys Bay, einlegen.

Unser Lieblings-Caterer

Unsere Unterkunft für die kommende Nacht, das *Day's Inn* in der Rideau Street, praktischerweise sehr nahe am Stadtzentrum, erreichen wir gegen Mittag. Zu unserer Freude sind unsere

Zimmer schon bezugsfertig, so dass wir nach einer kurzen Erfrischungspause aufbrechen und die Stadt zu Fuß erkunden können.

Ottawa ist die Hauptstadt Kanadas und hat knapp 1 Million Einwohner, von denen die Mehrheit (ca. 63%) englischsprachig ist, 15% der Einwohner haben Französisch als Muttersprache. Ottawa liegt direkt an der Grenze zwischen den Provinzen Ontario und Québec. Der Fluss, an dessen Ufern die Stadt entstanden ist, trägt den gleichen Namen.

Wir bummeln in westlicher Richtung die Rideau Street entlang, passieren das Nobelhotel Fairmont Chateau und überqueren den *Rideau Canal*. Der hier in Ottawa beginnende 202 Kilometer lange Kanal führt bis zur Stadt Kingston am Ontariosee. Er wurde 1832 eröffnet und ist die älteste ununterbrochen benutzte künstliche Wasserstraße auf dem nordamerikanischen Kontinent. 2007 wurde der Canal von der UNESCO zum Weltkulturerbe erklärt. Heute wird der Rideau Canal nur noch touristisch genutzt. Die Anlegestellen und die Schiffe für Rundfahrten können wir von unserem Standort auf der Brücke sehen, doch wir ziehen es vor, die Stadt per pedes zu erkunden.

Unser Weg führt weiter zum *Parliament Hill*, dem Parlamentshügel, wo sich die Gebäude des kanadischen Parlaments befinden.

Der *Centre Block* in der Mitte sticht sofort ins Auge, insbesondere der 92 m hohe Peace Tower. Hier tagen das Unterhaus und der Senat von Kanada, während der West Block und der East Block überwiegend Büroräume enthalten.

Darüber hinaus gibt es noch das an den *Centre Block* angebaute Gebäude der Parlamentsbibliothek und auf dem gesamten Gelände verteilt sehr viele Statuen von Personen, die in der kanadischen Geschichte eine Rolle gespielt haben.

Der Centre Block auf dem Parliament Hill

Der gesamte Parlamentsbezirk ist 88.480 m² groß, so dass zwischen den drei Hauptgebäuden ausreichend Platz für eine Park- und Gartenanlage ist, wo auch Veranstaltungen und Zeremonien abgehalten werden.

Da die Gebäude besichtigt werden können, schließen wir uns den anderen Touristen an und begeben uns auf die zum Wasser gelegene Rückseite. Doch hier ist alles abgesperrt und es ist uns verwehrt, die Gebäude zu betreten, da umfangreiche Sanierungen durchgeführt werden. So begnügen wir uns mit einer Besichtigung von außen.

Da auch der Rundweg versperrt ist, verlassen wir das Gelände auf dem gleichen Weg und bummeln noch weiter die Hauptstraße hinunter, die hier Wellington Street heißt. Am Justizgebäude wechseln wir die Straßenseite und schlendern langsam zurück, mit einem Zwischenstopp an der Tourist Information. Hier erfahren wir, dass nach Einbruch der Dunkelheit eine Lichter- bzw. Lasershow am *Centre Block* des Parlaments stattfinden wird. Das klingt sehr interessant und schnell ist es beschlossene Sache, dass wir uns das am Abend ansehen werden.

Nach einer kurzen Pause geht es weiter. Am *National War Memorial* kommen wir leider etwas zu spät für die dortige Wachablösung an, wir können nur noch einen kurzen Blick auf die abmarschierenden Soldaten und Dudelsackpfeifer erhaschen.

Nachdem wir den Kanal wieder überquert haben, wenden wir uns nach links in den *Sussex Drive*, der uns vorbei am *Peacekeeping Monument* zum großen Platz vor dem modernen Bau der

National Gallery of Canada führt, einem der anerkanntesten Kunstmuseen Kanadas mit einer umfangreichen Sammlung von Gemälden, Zeichnungen, Skulpturen und Fotografien mit Schwerpunkt auf kanadischer Kunst.

Doch diese Kunst im Museumsinneren interessiert uns heute nicht so sehr, dafür ist das Wetter viel zu schön. Stattdessen richten wir unser Augenmerk auf die riesige Spinnenskulptur, die mitten auf diesem Platz steht.

‚Maman' vor der Kathedrale von Ottawa

Es ist *Maman*, die größte Skulptur aus der Spinnen-Serie der Künstlerin Louise Bourgeois. Die Abmessungen dieser aus Bronze gegossenen Riesenspinne betragen 9,27 m x 8,92 x 10,24 m, sie wiegt 8165 Kilogramm und trägt einen Beutel, der 26 Marmoreier enthält.

Die Skulptur ist eine Hommage an die Mutter der Künstlerin, die in Paris als Restauratorin von Tapisserien arbeitete, und so, wie die Spinnen, immer wieder Gewebe erneuerte. Für Bourgeois war die Spinne ein Freund, beschützend und hilfreich. Es gibt weltweit zahlreiche Kopien dieser Skulptur.

Über Kunst lässt sich bekanntlich trefflich streiten, doch als Fotomotiv eignet sich die Spinne, insbesondere mit der dahinter liegenden Kathedrale Notre-Dame hervorragend. Das finden leider nicht nur wir, sondern auch viele andere Touristen. Ein Pärchen kann gar nicht genug davon kriegen, die Spinne und sich selbst zu fotografieren. Irgendwann haben wir keine Lust mehr zu warten, so werden die zwei schließlich in unserer Bildsammlung mitverewigt.

Nachdem wir die Außenansicht der Kathedrale von unserem Standort auf dem Vorplatz der Nationalgalerie bereits bewundert haben, möchten wir nun auch das Innere dieses Sakralbaus kennenlernen. Daher wechseln wir die Straßenseite und erklimmen die breite Treppe vor dem Portal.

Die Kathedralbasilika *Notre Dame* ist die älteste Kirche Ottawas. Hier hat der katholische Erzbischof seinen Sitz. Mit den beiden Türmen und der dazwischenstehenden Madonnenfigur erinnert sie uns entfernt an Notre-Dame in Paris.

Die Kirche wurde 1866 fertiggestellt. Der Bau wirkt von außen relativ unscheinbar, doch als wir das Innere betreten, staunen wir doch über das imposante und prunkvolle Kirchenschiff.

Wir bewegen uns leise durch den riesigen Raum, da vorn am Altar eine Messe abgehalten wird. Auch alle anderen Besucher verhalten sich so, dass die Gläubigen nicht gestört werden.

Doch plötzlich werden die Eingangstüren förmlich aufgerissen und ein ganzer Schwarm laut lachender, sprechender und gar rufender alter und junger Touristen unbekannter Nationalität stürmt in die Kathedrale. Man könnte fast glauben, sie seien vor irgendetwas auf der Flucht. Doch das sind sie nicht, stattdessen verlassen angesichts dieser Meute viele andere Besucher ziemlich schnell das Gebäude, darunter auch wir. Direkt vor dem

Portal der Kirche steht ein großer Reisebus, dem noch immer laute Passagiere entsteigen und zum Eingang rennen. Selbst der Busfahrer hat für dieses Verhalten seiner Fahrgäste nur ein Kopfschütteln übrig.

Wir verweilen noch einen Moment vor der Kirche, da kommen die ersten dieser Touristen auch schon wieder heraus, steigen in den Bus und warten sichtlich ungeduldig auf ihre Mitreisenden, damit es weitergehen kann. Wir fragen uns, ob Touren in dieser Weise, offensichtlich unter ständigem Zeitdruck, wohl wirklich Spaß machen....

Für uns geht es jetzt weiter, und zwar zum unweit von hier gelegenen *ByWard Market*.

Dies ist so etwas wie das Szeneviertel von Ottawa. Hier gibt es eine große Markthalle und viele Spezialitätengeschäfte. Durch das Viertel ziehen sich kleine Gassen mit jeder Menge bunter Street-Art und vielen Kunsthandwerk- und Modeläden. Unzählige Lokale, Kneipen und Restaurants vervollständigen das Gesamtbild.

Auf dem ByWard Market

Wir durchschlendern einige dieser Gassen und schauen uns die Markthalle an. Außerdem studieren wir die ein oder andere

Speisekarte der ansässigen Restaurants, doch wir werden nicht so recht fündig.

Angesichts der fortgeschrittenen Tageszeit und unseres Vorhabens, wegen der Lichtshow am späteren Abend zum *Parliament Hill* zurückzukehren, begeben wir uns zurück auf die Rideau Street, wo wir auf dem Hinweg einen Pizzaladen gesehen hatten. Diesen suchen wir jetzt auf. Da hier Selbstbedienung herrscht, bekommen wir unser Essen zügig, so dass sogar noch Zeit bleibt, dem ein oder anderen hier befindlichen Kaufhaus einen Besuch abzustatten und ein paar nette Kleidungsstücke zu erwerben.

Außerdem reicht die Zeit nach unserer Rückkehr im Hotel sogar noch aus, eine Dusche zu nehmen und mit hochgelegten Beinen etwas auszuruhen.

Kurz nach 21 Uhr machen wir uns wieder auf den Weg. Der Platz vor dem Parlament ist schon gut mit Schaulustigen gefüllt, als wir dort ankommen. Dennoch ergattern wir einen günstigen Platz, um uns die Sound- und Lasershow „Northern Lights" anzusehen, die im Sommer jeden Abend hier stattfindet.

Nothern Lights auf dem Centre Block

Konzipiert ist die Show als thematische Reise durch Kanadas Geschichte. Die Art der Darstellung kombiniert digitale Technologie mit der Fassade des Parlamentsgebäudes und befasst sich mit der kanadischen Geschichte von den First Nations bis in die heutige Zeit.

Und das gelingt auf fantastische Weise. Selbst, wenn man nicht jedes Wort des Erzählers versteht und auch in der kanadischen Geschichte nicht profund bewandert ist, so ist es eine absolut sehenswerte Show, die nicht eine Minute langweilig ist.

Noch erfüllt von diesen Eindrücken fällt es uns schwer, schlafen zu gehen, so dass wir im Hotel noch eine ganze Weile vor der Zimmertür im Freien verbringen. Doch irgendwann siegt die Müdigkeit...

11. Tag: Ottawa - Montréal

Trotz des mangelnden Schlafes sind wir bereits früh wieder auf den Beinen. Erneut ist es ein sehr schöner Sommertag, die Wärme ist schon am Morgen spürbar. Auch heute liegt eine recht kurze Strecke vor uns. Der Weg führt uns über die ON-417 E, die auch ein Teilstück des Trans-Canada-Highways darstellt, nach Montréal. Bei gutem Durchkommen werden wir für die knapp 200 Kilometer lange Strecke ungefähr zwei Stunden Fahrtzeit benötigen. Dies gibt uns ausreichend Gelegenheit, unterwegs nach interessanten Stopps Ausschau zu halten.

Unterwegs...

Inzwischen haben wir schon eine fast perfekte Routine beim Beladen des Autos entwickelt. So können wir das Hotel bzw. den Parkplatz am frühen Vormittag verlassen und uns auf den Weg machen. Der Verkehr ist in der Innenstadt von Ottawa noch zähfließend, doch schon in den etwas außerhalb gelegenen Bereichen der Stadt kommen wir zügig voran. Da wir noch nicht gefrühstückt haben, unterbrechen wir die Fahrt alsbald, um uns für den Tag zu stärken... wie könnte es auf dieser Reise anders sein, bei *Tim Hortons*.

Praktischerweise halten wir dazu in einer Einkaufsmall an, was uns wieder einmal Gelegenheit gibt, nach hübschen und/oder nützlichen Dingen zu suchen. Da wir eigenartigerweise immer etwas finden, ist unser Auto bei der Weiterfahrt wieder ein paar Pfund schwerer.

Quasi mit dem letzten Haus des Großraums Ottawa verändert sich die Landschaft entlang des Highways. Es gibt viel Wald, Wiesen und Felder, vereinzelt passieren wir kleine Ortschaften und Ansiedlungen, doch eine größere Stadt gibt es nicht.

Ungefähr nach der Hälfte der Strecke, am Ende des neben der Straße verlaufenden *Voyageur Provincial Park*, passieren wir die Landesgrenze zwischen Ontario und Québec. Sofort ist an der Beschilderung der Straßen und an den Ortsnamen zu erkennen, dass wir uns von nun an im französischsprachigen Teil Kanadas befinden.

So nähern wir uns Montréal. Je näher wir der Stadt kommen, umso dichter wird der Verkehr und auch die Kulisse rechts und links der Straße ändert sich, die Bebauung, insbesondere industrieller bzw. kommerzieller Art, nimmt zu.

Da wir noch unsere Getränke- und Snackvorräte ergänzen wollen, halten wir nun vermehrt Ausschau nach einem Einkaufszentrum oder Supermarkt - und werden recht schnell fündig. Fast unmittelbar neben dem Highway sehen wir im Vorort Vaudreuil einen Walmart und nehmen die nächste Ausfahrt, um dorthin zu gelangen. An der Straße dorthin, dem Boulevard de la Gare, befindet sich zu unserer Freude so etwas wie ein Outlet Center. Spontan beschließen wir, dass Getränke und Snacks noch etwas warten können und steuern den Parkplatz vor den zahlreichen nebeneinander aufgereihten Geschäften an, die mehr oder weniger bekannte Namen führen.

Als wir aus dem Wagen steigen, schlägt uns brütende Hitze entgegen, ein Grund mehr, schnell Schutz in den Läden zu suchen. Da wir bereits kurz vor Montréal sind und die Uhr erst Mittag anzeigt, haben wir ausreichend Zeit, das Angebot zu begutachten - und es lohnt sich. Insgesamt können wir am Ende unseres Besuches in dieser Mall auf eine erkleckliche Ausbeute an günstig erworbenen Kleidungsstücken schauen.

Aber das beste Schnäppchen mache ich in einem Dessousgeschäft. Beim Stöbern durch die Regale fällt mir ein großes rotes, recht flauschiges Kleidungsstück ins Auge - es ist tatsächlich ein einteiliger Schlafanzug in Holzfällerart. Eine flüchtige Anprobe durch Anhalten des Teils an den Körper ergibt, dass es passen würde. Vorsichtig blicke ich auf das Preisschild - und muss über den Kauf keine Sekunde nachdenken. Das Teil ist heruntergesetzt auf 8 Dollar! Allein dafür hat sich der Abstecher gelohnt, angesichts der mehr als 100 Dollar, die ich in Toronto dafür hätte bezahlen sollen.

Das ist auf dem Parkplatz erst einmal eine genüssliche Zigarette wert, bevor wir dann das eigentliche Ziel unseres Abstechers, den Walmart, ansteuern. Nachdem wir auch unsere dortigen Einkäufe erledigt haben, gelüstet es uns nach dem auf dieser Reise schon zur Tradition gewordenen Nachmittags(eis)kaffee - und natürlich ist das entsprechende Restaurant unseres Vertrauens in unmittelbarer Nähe.

Derart gestärkt treten wir dann die letzte Etappe bis zu unserem Hotel *La Tour Belvedere* am Boulevard de Maisonneuve, an. Dies ist eine schmale Wohn- und Einbahnstraße und wir haben Glück, denn wir ergattern einen der ganz wenigen Parkplätze vor dem Hotel. Das Einchecken gestaltet sich problemlos. Die Frage nach einem Parkplatz beantwortet uns der freundliche Mitarbeiter am Desk mit dem Hinweis, dass am Hotel selbst keine Parkmöglichkeiten bestehen, ca. 100 Meter weiter jedoch ein Parkhaus sei, wo wir das Fahrzeug über Nacht abstellen können.

Wir versorgen uns noch mit Stadtplan und Infomaterial, dann geht es hinauf in unsere Zimmer im 6. Stock. Beim Öffnen der Tür bemerken wir schnell, dass der Begriff ‚Zimmer' eine absolute Untertreibung ist, denn wir finden uns in einem großen Apartment mit Wohnraum, separatem Schlafzimmer, voll eingerichteter Küche und geräumigem Bad wieder. So viel Komfort hatten wir lange nicht. Der Kühlschrank in der Küche verfügt sogar über ein Gefrierfach und als erstes platzieren wir darin ein Kühlpad, damit Heike am Abend ihre von den unzähligen Mückenstichen im Nationalpark bereits entzündeten Unterschenkel kühlen kann. Aber sie hält sich trotz der Schmerzen sehr tapfer und nimmt selbstverständlich, nach einer kurzen Ausruhphase, die wir alle einlegen, an unserer ersten Erkundung der Stadt teil.

Unser Hotel in Montréal

Das Auto haben wir im Parkhaus abgestellt, denn in fußläufiger Nähe zum Hotel befindet sich eine U-Bahnstation. Von dort ist die Altstadt von Montréal, die an diesem Spätnachmittag unser Ziel ist, gut zu erreichen.

Montréal ist die zweitgrößte Stadt Kanadas mit gut 1,5 Millionen Einwohnern und liegt auf einer Insel, der *Île de Montréal*. Ein Großteil des alten Montréal ist erbaut auf dem 233 Meter hohen Mont Royal, der der Stadt auch ihren Namen gab. Gegründet wurde die Stadt 1642 als katholische Missionsstation. Als größte Stadt der Provinz Québec ist Montréal nach Paris die zweitgrößte französischsprachige Stadt der Welt. Durch die Weltausstellung

Expo 67 und vor allem die Olympischen Sommerspiele 1976 wurde Montréal weltweit bekannt.

Vom Hotel zur Metrostation Atwater sind es nur zwei Blocks. Die notwendigen Tickets sind schnell erworben, dann nehmen wir die Metrolinie 1 bis Berri-UQAM, wo wir in die Linie 2 umsteigen und bis Champ-de-Mars fahren.

Von hier geht es zu Fuß weiter, vorbei am *Hôtel de Ville*, dem Rathaus von Montréal und über den *Place Vauquelin*. Hier beginnt die Fußgängerzone und wir finden uns wieder in einem fröhlichen Trubel unzähliger Menschen.

Bei der angenehmen Wärme, die nun am frühen Abend herrscht, haben offensichtlich viele den gleichen Gedanken gehabt wie wir: Bummeln in der Altstadt bzw. am Ufer des St.-Lorenz-Stroms, der die Stadt durchfließt.

In der Altstadt von Montréal

Wir schauen dem bunten Treiben der Gaukler, Barden und fliegenden Händler, die diesen Bereich bevölkern, ein Weilchen zu, zumal wir das Glück haben, Plätze auf einer Bank zu ergattern. Auf den Terrassen der umliegenden Restaurants ist hingegen jeder Platz besetzt. Nach einem kurzen Abstecher in einen hier ebenfalls ansässigen, völlig überfüllten Andenkenladen spazieren wir links in die Rue St Paul Est und gelangen so zum *Marché Bonsecours*, einer großen alten Markthalle, die in der Vergangenheit auch mal als Rathaus und sogar als Parlamentsgebäude genutzt wurde.

Heute ist sie ein Kulturzentrum und steht unter Denkmalschutz. Erbaut wurde die 163 Meter lange Halle im klassizistischen Stil mit einer großen Kuppel in der Mitte zwischen 1844 und 1847.

Neben dem Kulturzentrum beherbergt das Gebäude auch zahlreiche kleine Kunst- und Handwerksläden, außerdem einige Cafés und Restaurants.

Marché Bonsecours

Wir schlendern hindurch und schauen uns das Angebot an teils wirklich hübschen Dingen in den kleinen Geschäften an - zum Teil aber auch zu wirklich hübschen Preisen. Daher kehren wir ohne große Ausbeute auf die Straße zurück und schlendern nur wenige Meter weiter zur Kapelle *Notre-Dame-de-Bon-Secours*. Dies ist eine der ältesten Kirchen in Montréal, die 1771 über den Ruinen einer früheren Kapelle erbaut wurde.

Bei noch anhaltenden Ausgrabungen unter der Kirche wurden Artefakte der *First Nations* und der ersten Kolonialisten gefunden, auch die Fundamente der ersten Kapelle und Teile von Befestigungsanagen der Kolonie können besichtigt werden. Außerdem ist es möglich, den Kirchturm hinaufzusteigen, von wo man eine schöne Aussicht auf den Alten Hafen von Montréal und den St.-Lorenz-Strom hat.

Leider kommen wir nicht in den Genuss, diese Besichtigungen durchzuführen, da die Kirche zum Zeitpunkt unseres Besuches geschlossen ist.

Kapelle Notre-Dame-de-Bon-Secours

Wir wenden uns wieder in südliche Richtung die Straße hinunter, wobei wir nicht nur Leute und Schaufenster betrachten, sondern uns auch die Speisekarten der zahlreichen Restaurants ansehen. Das Angebot ist vielfältig und 5 Personen haben unterschiedliche Geschmäcker, da ist es nicht einfach, eine Einigung zu erzielen. So fällt unsere Kompromisslösung schließlich... auf die Filiale einer bekannten Burgerkette. Da ich zuhause diese Restaurants nicht sehr oft besuche, habe ich hier meine erste Begegnung mit den inzwischen weitverbreiteten Bestellautomaten. Und siehe da, es funktioniert tatsächlich. Jeder von uns bekommt zu essen und zu trinken, was er bestellt hat.

Nach dem Essen verweilen wir noch ein wenig, um unseren Füßen Erholung zu gönnen. Draußen ist bereits die Dämmerung hereingebrochen, so beschließen wir, zur Metrostation zurückzukehren und zum Hotel zu fahren.

Brunnen am Rathaus von Montréal

Als wir aus unserer ‚Heimatstation' Atwater heraus ins Freie treten, ist es bereits vollkommen dunkel. Auch das Einkaufszentrum, in dem sich das Parkhaus mit unserem Auto befindet, ist schon so gut wie menschenleer und nur noch wenige Geschäfte sind geöffnet.

So begeben wir uns ins Hotel, verweilen noch etwas in der Lobby bzw. vor dem Hotel für eine Abendzigarette. Dann geht es in unsere Suite, wo Heike ihre noch immer entzündeten und angeschwollenen Waden mit Kühlpad und feuchten Umschlägen versorgt.

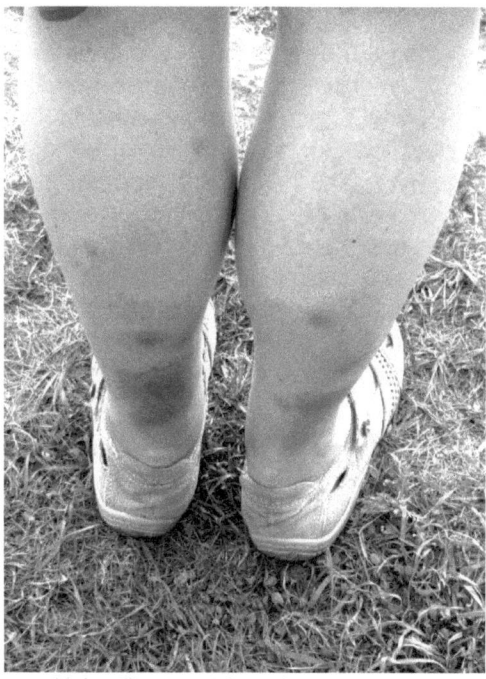

Was kleine Tiere anrichten können...

12. Tag: Montréal

Nach einer entspannten Nachtruhe sind wir in unserem ‚Luxusapartment' schon früh auf den Beinen und genießen den ersten (selbstgebrühten) Kaffee zum Wachwerden.

Das Frühstück im Hotel ist ganz passabel, auch wenn wir zwischendurch auf Nachschub bei Brot und Butter warten müssen. Letztendlich können wir uns aber ausreichend gestärkt auf unsere heutige Besichtigungstour begeben.

Der Gang zur Metrostation ist für uns jetzt bereits Routine. Von dort nehmen wir die Linie 1, die uns in einer guten halben Stunde direkt bis zum Olympiapark von Montréal, besser gesagt zur Metrostation Pie IX bringt. Schon auf dem Bahnsteig und der Rolltreppe ist an den großen Dimensionen erkennbar, dass diese Metrostation im Jahre 1976 von riesigen Menschenmengen frequentiert wurde, die als Zuschauer zu den Olympischen Sommerspielen kamen. Wir hingegen fühlen uns etwas verloren, denn wir sind hier mehr oder weniger allein. Da das Wetter es heute jedoch erneut sehr gut mit uns meint, genießen wir den überdachten Spazierweg auf das Olympiagelände.

Der *Olympiapark* war der Hauptveranstaltungsort der Olympischen Sommerspiele 1976. Er liegt nur wenige Kilometer außerhalb des Stadtzentrums von Montréal auf einem ehemaligen Park- und Golfplatzgelände.

Schon in den 50er Jahren des letzten Jahrhunderts sahen Bebauungspläne hier die Errichtung von Sportstätten vor. Ein Teil davon war bereits gebaut, als Montréal den Zuschlag für die Olympischen Spiele erhielt, und ab 1973 wurden die weiteren Bauten, insbesondere das Olympiastadion, errichtet.

Dieses Stadion und vor allem der 175 Meter hohe geneigte Turm sind die markantesten Bauwerke auf dem Gelände. Darin integriert ist noch das Wassersportzentrum. Das heutige Umweltmuseum war damals die olympische Radrennbahn. Auch andere Hallen blieben erhalten und werden heute z.B. als Multiplex-Kino genutzt. Auf dem früheren Trainingsgelände der Olympiasportler steht inzwischen ein Fußballstadion.

Aus den damals futuristisch wirkenden Hochhäusern des ehemaligen Olympischen Dorfs wurden Apartmenthäuser und Hotels.

Stadionturm

Natürlich interessiert uns ganz besonders der Turm des Stadions, der mit 175 Metern der höchste geneigte Turm der Welt ist. Da der Turm eine gebogene Form aufweist (die Neigung steigt mit der Turmhöhe) beträgt der Neigungswinkel zwischen 23 und 81 Grad.

Allerdings war dieser Turm während der Olympischen Spiele noch gar nicht fertig. Lediglich ein Stumpf war bis knapp über die Höhe des Stadionbaus errichtet, weil es technische Probleme beim Bau gegeben hatte. Erst 1987 war der Turm dann komplett. Er dient in erster Linie als Haltemast für die Befestigungsseile des Olympiastadiondaches.

Um nun auf den Turm zu gelangen betreten wir die Vorhalle des Stadions, wo man die Tickets erwerben und sich über das gesamte Gelände informieren kann.

Ein hier aufgebautes dreidimensionales Modell des gesamten Geländes gibt einen guten Überblick.

Einige Erinnerungsstücke an die Olympischen Spiele 1976 sind hier ebenfalls ausgestellt und sollen Lust machen auf einen Besuch des hier ansässigen Olympischen Museums.

Modell des Stadions

Der Ticketkauf geht schnell, auch die obligatorische Sicherheitskontrolle lassen wir zügig hinter uns. Da wir bereits zeitig am Morgen zu unserer Tour aufgebrochen und entsprechend früh hier eingetroffen sind, gehören wir auch zur ersten Besuchergruppe, die heute die große, bis zu 50 Personen fassende

verglaste Doppeldecker-Gondel der Seilbahn besteigt, um innerhalb von 2 Minuten hinauf zur Aussichtsplattform auf 166 Metern
Höhe zu gelangen.

Blick aus der Gondel während der Turmauffahrt

Schon die Auffahrt in der Gondel ist ein Erlebnis. Diese Standseilbahn ist die weltweit einzige, die entlang einer gewundenen

Struktur gebaut wurde. Liegt der Beginn der Fahrt innerhalb der Betonkonstruktion, so öffnet sich nach einigen Metern Fahrt der Blick ins Freie, hinunter auf das Olympiagelände und die Umgebung.

Da es im *Tower Observatory* noch leer ist, können wir das 360-Grad-Panorama, das sich uns durch die Fensterscheiben von hier oben bietet, ausgiebig genießen. An klaren Tagen soll es möglich sein, bis zu 80 Kilometer weit zu sehen, doch auch die Fernsicht, die wir in der leicht diesigen Luft haben, ist perfekt.

Blick vom Turm

Wir machen uns den Spaß, vor einem Kameraautomaten mit Stadion, Turm und Olympiaflamme als Hintergrund zu posieren und uns - moderner Technik sei Dank - das Foto direkt per E-Mail nach Hause schicken zu lassen.

Abschließend folgt der Rundgang durch den hier oben ansässigen Souvenirshop, wo wir, natürlich, fündig werden. Unsere Unterhaltung an der Kasse macht den dort tätigen Mitarbeiter aufmerksam. Er hat uns als Deutsche erkannt und spricht uns in perfektem Deutsch an. Wir kommen ins Gespräch und er erzählt uns, dass er acht Sprachen fast perfekt spreche, aber nie im

Ausland war oder eine Sprachenschule besucht habe. All seine Kenntnisse hat er sich im Rahmen seiner Arbeit hier auf dem Turm erworben, durch Gespräche mit den Besuchern aus vielen unterschiedlichen Ländern. Hut ab!

Wir verabschieden uns herzlich, dann geht es für uns mit der Gondel zurück nach unten.

Bevor wir uns auf dem riesigen Gelände noch weiter umsehen, gönnen wir uns eine Pause im Schatten des Stadions.

Unser Bummel über das Gelände führt uns anschließend zu den Olympischen Ringen und den Ehrentafeln für die damaligen Sieger. Hier ist für uns Dortmunder selbstverständlich wichtig, dass auch Annegret Richter Würdigung gefunden hat, die damalige Siegerin über 100 Meter Sprint.

Die olympischen Ringe

Langsam schlendern wir wieder dem Ausgang und der Metrostation entgegen. Diesmal nehmen wir den Weg an der Straße entlang, denn da gibt es etwas, das unser Interesse geweckt hat und das wir nun näher betrachten wollen. Und tatsächlich: Auf der Straße vor dem Stadiongelände pendelt ein Minibus. Er ist winzig, rot - und fährt ohne Fahrer.

Selbstfahrender Bus

Einer Infotafel entnehmen wir, dass die selbstfahrenden Shuttlebusse Teil eines Pilotprojekts sind. Die Busse sind mit Sensoren und einem Navigationssystem ausgestattet und fahren mit einer Höchstgeschwindigkeit von 15 km/h. Die Türen öffnen sich an jeder geplanten Haltestelle von selbst. Glocken läuten automatisch, wenn die Busse durch eine Kreuzung fahren, so dass andere Verkehrsteilnehmer aufmerksam gemacht werden. Da die Technologie aber noch in den Kinderschuhen steckt, wurde beschlossen, jederzeit einen Bediener an Bord zu haben.

Jeder Bus hat sechs Sitzplätze und Platz für 12 Passagiere. Die Fahrten sind kostenlos, und es gibt sieben Haltestellen auf der Strecke.

Da wir nicht erkennen können, wo die nächste Haltestelle ist, und da wir zugegebenermaßen doch Respekt vor dieser Technik haben, entscheiden wir uns gegen eine Fahrt. Stattdessen fahren wir mit der Metrolinie 1 bis Berri-UQAM und wechseln dort in die Linie 2 bis Place d'Armes. Somit befinden wir uns wieder in der Altstadt von Montréal.

Die Kathedrale von Montréal

Bei der Hitze bummeln wir gemächlichen Schrittes durch die Straßen in östliche Richtung und finden uns kurz darauf auf dem Platz vor der großen Basilika *Notre-Dame de Montréal* wieder. Hier herrscht reichlich Trubel, es wimmelt von Touristen aus aller Herren Länder. Junge Leute machen Musik, tanzen oder betreiben Akrobatik im Schatten der Kirche.

Die Aussicht darauf, dass es in der Kirche angenehm kühl ist, veranlasst uns, uns in die relativ lange Warteschlange einzureihen, zumal wir ohnehin gerne Kirchen besichtigen. Es stellt sich heraus, dass immer nur eine begrenzte Anzahl an Besuchern in das Gebäude hineingelassen wird. Doch wir haben Glück, dass wir nach nicht allzu langer Wartezeit als Letzte einer Gruppe noch mit hineinkommen.

Die Kirche zu besichtigen, ist eine gute Entscheidung. Zum einen ist es im Innenraum angenehm kühl, zum anderen ist die Basilika absolut sehenswert.

Das neugotische Gebäude entstand von 1824 bis 1829 als Ersatz für die frühere gleichnamige Pfarrkirche, die sich etwas nördlich vom heutigen Standort befand und wegen des starken Bevölkerungswachstums zu klein geworden war. Zum Zeitpunkt ihrer Einweihung 1829 war Notre-Dame die größte Kirche auf dem amerikanischen Kontinent nördlich von Mexiko und bis 1928 war die Kirche das höchste Gebäude in Montréal. Den Titel *Basilica minor* erhielt die Kirche von Papst Johannes Paul II. im April 1982.

Dem Infoblatt entnehmen wir, dass Gestaltung und Beleuchtung des Innenraums so konzipiert sind, dass die Blicke auf die Altäre gerichtet sind. Die Ikonografie des Altarbildes erklärt die biblischen Grundlagen des göttlichen Opfers, wiedergegeben durch die Messe und das anschließende Abendmahl. An der Spitze des Altars wird die Jungfrau Maria durch ihren auferstandenen Sohn gekrönt. Statuen stellen verschiedene biblische Figuren dar.

Über dem Eingang befindet sich die Orgel mit 99 Registern, verteilt auf vier Manuale und Pedal mit 6500 Pfeifen. Die Orgel wurde zwischen 1885 und 1891 installiert und war die weltweit erste, die elektrisch angetrieben wurde.

Die Orgel der Kathedrale

Wieder im Freien vor der Basilika suchen wir uns zunächst ein ruhigeres Plätzchen, um anhand des Stadtplans unser nächstes Ziel zu bestimmen. Außerdem nutzen wir die Gelegenheit für eine kleine Erfrischung in Form von Wasser, einem Snack (und einer Zigarette).

Wir beschließen, den Weg am St.-Lorenz-Strom entlang in nördlicher Richtung fortzusetzen, auf der alten Hafen-Promenade. Der Alte Hafen ist ein beliebter Touristentreffpunkt, der aus ehemaligen 2 Kilometer langen Kaianlagen geschaffen wurde. Es wurde ein großer Uferpark angelegt, Geschäfte, Bars und Restaurants wurden eröffnet. Im Laufe der Jahre kamen andere Attraktionen hinzu, wie z.B. ein Klettergarten und ein Riesenrad.

Das Riesenrad von Montréal

Dieses *Grande Roue de Montréal* steht inmitten einer Grünanlage auf einer kleinen Insel, zu der wir über eine Holzbrücke gelangen. Es wurde zum 375-jährigen Bestehen der Stadt errichtet und ist seit September 2017 mit 60 Metern Höhe das höchste Riesenrad Kanadas. Bestückt ist es mit 42 Gondeln für jeweils 8 Personen. Unsere beiden Männer müssen nicht lange überlegen, um sich für eine Fahrt mit dem Riesenrad zu entscheiden. Wir Frauen ziehen es vor, im umliegenden Park auf einer schattigen Bank zu entspannen und Leute zu gucken.

So kommen wir alle auf unsere Kosten - die Jungs für 25 bzw. 20 Dollar zu einer 20-minütigen ,Rundreise', von der sie sich begeistert zeigen, wir Mädchen zu reichlich Anlass zum Lästern.

Nachdem diese Erfahrungen ausgetauscht sind, machen wir uns auf den weiteren Weg über die Rue de la Commune zur Kapelle *Notre-Dame-de-Bon-Secours*, die am Vortag geschlossen war. Doch heute ist sie geöffnet. Wir treten ein und stellen fest, dass der Reiseführer nicht übertrieben hat. Die Buntglasfenster sind beeindruckend und geben dem gesamten Inneren der kleinen Kirche eine warme Atmosphäre. Die Deckenfresken sind schön, aber nicht übertrieben. An den von der Decke hängenden

Miniaturschiffen ist unschwer zu erkennen, dass sie den Seeleu-
ten als Kapelle diente.

Fenster der Kapelle

Somit können wir auch diesen noch offenen Punkt auf unserer
Liste der Sehenswürdigkeiten abhaken.

Noch einmal durchstöbern wir die kleinen Boutiquen und Läden
im *Marché Bonsecours*, dann schlendern wir die Rue St. Paul in
südliche Richtung hinunter. Angesichts der Tatsache, dass es bereits früher Abend ist, gilt unser Augenmerk auch jetzt wieder
den ausgehängten Speisekarten der zahlreichen Restaurants. Wir
sind uns darin einig, dass es nicht wieder ein schneller Happen
sein soll und schließlich fällt unsere Wahl auf *„Les 3 Brasseurs"*,
ein Restaurant mit Mikrobrauerei. Schnell stellen wir fest, dass
dies keine schlechte Wahl war.

Das Ambiente ist sehr ansprechend, das Essen ist vorzüglich,
das Bier schmeckt und die Bedienung ist sehr freundlich und aufmerksam. So wird es ein längerer, äußerst angenehmer Aufenthalt.

Lecker....

Der anschließende Fußweg zur Metrostation Place-d'Armes ist für uns alle ein willkommener Verdauungsspaziergang.

An diesem Abend herrscht im Einkaufszentrum nahe unseres Hotels noch reger Betrieb und auch wir tragen mit dem Kauf diverser Kleinigkeiten zur Umsatzsteigerung der ansässigen Geschäftsleute bei.

Vor dem Hotel gibt es noch eine letzte Zigarette, dann endet dieser Tag.

13. Tag: Montréal - Québec City

Auch an diesem Morgen dauert es mit dem Frühstück etwas länger, da es bei einigen essenziellen Bestandteilen wie Toastbrot an Nachschub mangelt. Doch wir nehmen diesen Umstand entspannt hin, gibt er uns doch Gelegenheit, nach eventuellen Zwischenstopps auf unserer heutigen gut 270 Kilometer langen Etappe nach Québec City, der Hauptstadt der gleichnamigen Provinz, zu sehen. Auf Anhieb werden wir leider nicht fündig; offensichtlich führt die Route überwiegend durch Naturgebiete mit wenigen Ortschaften. Also lassen wir alles einfach auf uns zukommen.

Wie immer fahren wir mit Unterstützung unseres zuverlässigen Navis, das uns dann auch nach dem Auschecken zunächst zügig über die verschiedenen Einbahnstraßen vom Hotel fort- und der Schnellstraße 40E näherbringt. Dafür müssen wir die 720E nehmen, doch diese Straße ist eine einzige Baustelle. Hier staut sich nicht nur der Verkehr; ohne große Vorankündigung wird die Straße plötzlich gesperrt und wir müssen auf eine andere Route wechseln, die wieder in Richtung Stadt führt.

Irgendwann sind nicht nur wir, sondern auch das Navi völlig irritiert und orientierungslos. Es ist nicht einmal mehr in der Lage, unseren Standort anzuzeigen. Dieser Zustand hält eine ganze Weile an, während wir nach Gefühl Richtung Norden fahren. Als das Gerät endlich wieder funktioniert, sind wir nicht weit weg von der tatsächlichen Route. So gelangen wir schließlich auf die 40E, wo der Verkehr flüssig und ohne Störungen rollt.

Nachdem wir die letzten Außenbezirke von Montréal hinter uns gelassen haben, wechselt die Landschaft; wir sehen fast nur noch Felder, Wiesen und Wälder entlang der Straße, die bis Québec City dem Lauf des St-Lorenz-Stroms folgt, der sich dabei stets rechts von uns befindet.

Damit es uns und unserem Junior auf dem hintersten Sitz nicht langweilig wird, vertreiben wir uns die Zeit mit Ratespielen. Außerdem achten wir auf alle Hinweisschilder am Straßenrand, die uns vielleicht zu einer Sehenswürdigkeit führen könnten, doch wir werden nicht fündig.

So fahren wir Kilometer um Kilometer. Die einzige größere Stadt, die wir auf unserer Strecke passieren, ist Trois-Rivières, eine Stadt mit knapp 140.000 Einwohnern, die fast genau auf halbem Weg zwischen Montréal und Québec liegt.

Da der Reiseführer lediglich auf sakrale Bauten als Sehenswürdigkeiten hinweist, verzichten wir auf einen Abstecher in die Stadt. Allerdings erwägen wir kurz, unsere Route zu ändern und auf die Autoroute 55 zu wechseln, denn zu dieser gehört hier in Trois-Rivières der *Pont Laviolette*. Auf der gesamten Strecke zwischen Montréal und Québec ist dies die einzige Brücke, die über den St.-Lorenz-Strom führt. Letztlich jedoch entscheiden wir uns zur Weiterfahrt auf der 40E.

Hinter Trois-Rivières ist die Landschaft wieder wie zuvor, viel Grün und wenig Häuser. Da die Tankanzeige unseres Wagens abnehmenden Treibstoffvorrat signalisiert, halten wir Ausschau nach einer Tankstelle. Zudem würden wir gern unsere zur lieben Gewohnheit gewordene Kaffeepause einlegen. Wer kann unsere Freude beschreiben, als wir bei Deschambault fündig werden: Eine Tankstelle mit angeschlossener Filiale von *Tim Hortons*! Da ich zudem meinen aus der Heimat mitgebrachten Zigarettenvorrat inzwischen arg dezimiert habe, schlagen wir hier gleich drei Fliegen mit einer Klappe.

Mit allem Notwendigen gerüstet setzen wir unsere Fahrt nach einer guten Stunde entspannter Erholung fort.

Am frühen Nachmittag erreichen wir unser Ziel, das *Hotel Concorde* am Place Montcalm unweit der Altstadt von Québec City.

Schon bei der Anfahrt haben wir den Eindruck, als hätten wir mit diesem Hotel einen guten Griff getan. Es ist wegen seiner besonderen markanten Bauweise mit dem großen runden Aufbau auf dem Dach inzwischen zu einem der Wahrzeichen von Québec geworden - das ganz offensichtlich bei vielen Touristen sehr beliebt ist. Es wimmelt nur so von Menschen, Bussen, Autos und Unmengen Gepäck, die von eifrigen Pagen hinein- und herausbefördert werden.

Hotel Concorde in Québec City

Trotz der großen Zahl an Gästen gestaltet sich das Einchecken recht zügig und problemlos. Für unseren Wagen gibt es einen Parkservice, den wir in Anspruch nehmen, auch wenn die Gebühren recht ansehnlich sind.

Auf den Zimmern angekommen, genießen wir den tollen Ausblick auf den in Sichtweite fließenden St.-Lorenz-Strom. Die Zimmer sind recht geräumig und komfortabel, doch in einem fehlt ein kompletter Satz Hand- und Badetücher, was wir, bevor wir zu unserem ersten Erkundungsgang in die Stadt aufbrechen, an der Rezeption reklamieren möchten.

Zunächst gönnen wir uns aber eine Erfrischungs- und Erholungspause mit entspanntem Ausstrecken auf den Betten - eine Wohltat.

Blick aus dem Hotelfenster

Der Zufall will es, dass wir beim Verlassen unserer Zimmer zwei Zimmermädchen treffen, die wir, zugegeben in etwas holprigem Französisch, bitten, die fehlende Ausstattung im Bad zu ergänzen. Sie versprechen, dies zu tun.

Somit haben wir uns den Stopp an der Rezeption erspart und machen uns direkt auf den Weg in die Stadt, die von hier aus sehr gut zu Fuß zu erreichen ist.

Québec City ist die Hauptstadt der gleichnamigen Provinz Québec und hat gut 530.000 Einwohner (mehr als 1 Million im Großraum Québec), von denen mehr als 93% Französisch als Muttersprache haben. Die Stadt liegt am Nordufer des Sankt-Lorenz-Stroms. Der Stadtname ist zurückzuführen auf die Flussenge, die hier besteht. In der Sprache der *Algonkin*, der Ureinwohner, bedeutet das Wort ‚Kebec' *„dort, wo sich der Fluss verengt"*.

1608 gründete Samuel de Champlain, ein Seefahrer, hier einen Handelsposten, aus dem sich dann die Stadt entwickelte, die 1867 zur Provinzhauptstadt wurde.

Québec hat, wohl zurecht, den Ruf, die europäischste Stadt Nordamerikas zu sein, was sie ihrer gut erhaltenen Altstadt verdankt, wo viele Gebäude noch aus der ersten Hälfte des 17. Jahrhunderts stammen. Der obere Teil der Altstadt ist von Stadtmauern umgeben, an die eine Zitadelle grenzt. Somit ist Québec heute die einzige befestigte Stadt Amerikas nördlich von Mexiko. 1985 erklärte die UNESCO die Altstadt und die Befestigungsanlagen zum Welterbe.

Für unseren Spaziergang in die Stadt wählen wir den Weg, der hinter dem Hotel durch Grünanlagen und am Fluss entlang zur Zitadelle führt. An einem Aussichtspunkt an der Avenue du Cap Diamant legen wir einen kurzen Zwischenstopp ein und genießen den Ausblick über den Fluss.

Beim Weitergehen müssen wir uns entscheiden, ob wir lieber die Zitadelle besichtigen oder einen Bummel durch die Stadt machen wollen.

Die Zitadelle von Québec wurde zwischen 1820 und 1832 sternförmig zur Verteidigung der Stadt gebaut. Ein Teil des großen Komplexes dient noch heute einem Regiment der kanadischen Armee als Kaserne. Ein anderer Teil wird als Nebenresidenz des

Generalgouverneurs von Kanada genutzt. Der größte Teil der Befestigungsanlage steht der Öffentlichkeit für Besichtigungen zur Verfügung.

Da wir uns von einem Stadtbummel mehr versprechen, ist die Entscheidung schnell getroffen und wir nehmen die *Promenade des Gouverneurs*, den Weg entlang der Zitadellenmauer, von wo wir auch immer den Fluss im Blick haben.

Ausblick auf den St.-Lorenz-Strom

Am Ende des Zitadellengeländes verbreitert sich die Promenade, die direkt auf das *Château Frontenac* zuführt, eines der Wahrzeichen der Stadt.

Das Luxushotel wurde 1893 gebaut und gehört heute zur Kette der *Fairmont Hotels and Resorts*. Benannt ist es nach einem früheren Gouverneur. Es gilt als eines der meistfotografierten Hotels der Welt, was wir beim Anblick des Gebäudes durchaus nachvollziehen können.

Das Château Frontenac

Wir befinden uns nun auf der *Terrasse Dufferin* in der Oberstadt, dem höher gelegenen Teil der Altstadt von Québec. Gegenüber des *Château Frontenac* steht die obere Station der *Funiculaire*, einer Standseilbahn, die diesen Teil Québecs mit der Unterstadt verbindet. Sie hat eine Länge von 64 Metern und überwindet dabei 59 Meter Höhendifferenz, mit einer maximalen

Schräge von 45°. Die Bahn wird mit Strom betrieben, sie ist doppelspurig, so dass zwei Wagen im Gegenverkehr fahren können. Eröffnet wurde die Anlage im November 1879. Nach einem Großbrand 1945 dauerte es ein Jahr, bis die Bahn wiederhergestellt war.

Es ist für uns eine ausgemachte Sache, dass auch wir noch mit dieser Bahn fahren werden, doch heute wollen wir die andere Richtung einschlagen und durch die Oberstadt bummeln.

Weit kommen wir jedoch nicht, denn nur wenige Meter hinter dem *Frontenac* werden wir aufgehalten. Zahlreiche Musikanten, Gaukler und fliegende Händler sind hier auf dem großen Platz aktiv und viele Touristen bleiben stehen und sehen bzw. hören ihnen zu. Auch die Statue von Samuel de Champlain, dem Gründer und ersten Gouverneur von Neufrankreich (heute Kanada), ist von fotohungrigen Touristen umlagert.

Wir reihen uns in die Gruppen ein und sehen u.a. einem Jongleur zu, während wir darauf warten, uns ebenfalls zu Füßen der Statue für ein Foto niederlassen zu können.

Die Champlain-Statue

Nachdem die Fotos gemacht sind setzen wir unseren Spaziergang fort, vorbei am *UNESCO-Denkmal* in die Rue Sainte-Anne, wo sich viele kleine Geschäfte, Restaurants, Bars und Bistros aneinanderreihen. Rechts an der Straße befindet sich die Kathedrale *Holy Trinity*, eine der wenigen größeren Kirchen hier im französischsprachigen Kanada, die nicht Notre-Dame heißt, was jedoch daran liegt, dass es eine anglikanische Kirche ist.

Im Garten dieser Kirche findet gerade so etwas wie ein Trödel- bzw. Kunstmarkt statt und natürlich schlendern wir einmal darüber. Doch das Angebot entspricht nicht so ganz unserem Geschmack, so dass wir alsbald unseren Spaziergang fortsetzen und in die Rue des Jardins abbiegen. Diese führt uns vorbei am Rathaus von Québec, einem wirklich schönen Gebäude mit kleinem Park, Wasserfontäne und einigen Skulpturen.

Das Rathaus

Natürlich statten wir auch dem einen oder anderen kleinen Geschäft in der angrenzenden Straße Côte de la Fabrique einen Besuch ab. Dabei macht es sich bezahlt, dass ich einen fast leeren Rucksack mit auf den Spaziergang genommen habe...

Nach der nächsten Kurve befinden wir uns in der Rue Saint-Jean. Dies ist eine der ältesten und gleichzeitig auch der beliebtesten und belebtesten Straßen Québecs.

In dem Abschnitt dieser Straße, der bis zur alten Stadtmauer reicht, gibt es eine Fülle von Geschäften, aber auch Restaurants und Gasthäuser, eben alles, was zu einem typischen Touristenrummel gehört. An bestimmten Tagen, so auch heute, wird ein großer Bereich der Straße zur Fußgängerzone, da wohl ansonsten der große Menschenandrang nicht zu bewältigen wäre.

So stürzen auch wir uns ins Getümmel. Mit zahlreichen Abstechern in die rechts und links gelegenen Geschäfte arbeiten wir uns langsam bis zum oberen Ende der Fußgängerzone hinauf und wieder hinunter.

Werbelogo eines Ladens in der Rue Saint Jean

So vergeht die Zeit und wir merken allmählich die Leere in unseren Mägen. Bei dem auch heute wieder sehr schönen Wetter sind jedoch alle Außengastronomien voll besetzt. Da wir ziemlich hungrig sind, entscheiden wir uns für die schnelle Billiglösung und steigern den Umsatz eines bekannten Burgerbraters.

Als wir das Lokal nach einer ausgedehnten Ess- und Erholungspause verlassen, steht die Sonne bereits recht tief am Himmel. Daher entscheiden wir uns für einen langsamen Bummel zurück zum Hotel. Es geht die Rue Saint-Jean hinauf und durch die *Porte St Jean*, einem der vier noch vorhandenen Stadttore, das zur ehemaligen Stadtmauer, die größtenteils noch erhalten ist, gehört. Die *Porte St. Jean* stammt aus dem Jahr 1694, wurde aber 1791 abgerissen, da sie marode war, und dann neu errichtet. 1865 geschah dies erneut; das heutige Tor wurde schließlich 1939 erbaut.

Über die Avenue Honoré-Mercier, vorbei an der *Fontaine de Tourny* und dem dahinter liegenden Parlamentsgebäude, gelangen wir auf die Avenue George VI und somit wieder in die Grünanlagen unterhalb der Zitadelle.

Die Fontaine de Tourny

Von hier sind es nur noch wenige Meter bis zu unserem Hotel. Doch es zieht uns noch nicht dorthin zurück. Wir genießen es, entspannt auf einer Bank in der Abendsonne zu sitzen und Leute zu gucken. Als wir unseren Weg dann fortsetzen, ist es noch immer so angenehm warm, dass wir am Hotel vorbei weiter durch die Parkanlagen spazieren und den St.-Lorenz-Strom in der untergehenden Sonne betrachten.

Idylle am Fluss

Nachdem wir unseren Weg über das an das Hotel angrenzende Wohnviertel erweitert haben, kehren wir erst in der Dunkelheit ins Hotel zurück. Dort wurden inzwischen die fehlenden Handtücher ergänzt. Allerdings stellen wir sehr schnell fest, dass die Toilette dieses Zimmers verstopft ist. Trotz der fortgeschrittenen Uhrzeit kommt tatsächlich noch der Hausservice, um den Schaden zu beheben. Damit steht einer entspannten Nachtruhe nichts mehr im Wege.

14. Tag: Québec City

Schon früh sind wir wieder auf den Beinen. Da wir nicht im Hotel frühstücken möchten haben wir uns via Internet in der Umgebung umgesehen - und ganz in der Nähe, auf dem Boulevard René-Levesque, *Tim Hortons* gefunden.

An den noch sehr leeren Straßen merken wir, dass heute Sonntag ist, was den Vorteil hat, dass auch im Lokal noch kein Betrieb herrscht. Diese Niederlassung hat sogar eine Terrasse, auf der wir uns zu einem gemütlichen Frühstück niederlassen. Anschließend geht es zunächst zurück zum Hotel, bevor wir zu einer weiteren Erkundung Québecs aufbrechen. Heute wählen wir den Weg über die Grande Allée, wobei wir feststellen, dass es hier in direkter Nähe zu unserem Hotel eine Vielzahl kleiner Lokale und Restaurants gibt. Spontan beschließen wir, eins davon am Abend aufzusuchen.

Für unseren Weg in die Altstadt wählen wir die *Porte St.-Louis* und die gleichnamige Straße, die unterhalb des *Château Frontenac* endet und uns zur *Escalier Frontenac* führt. Diese Treppe ist eine von mehreren Verbindungen zwischen der Ober- und der Unterstadt. Als wir am unteren Ende ankommen, finden wir uns unmittelbar am *Prescott Gate* wieder, einem weiteren der vier verbliebenen Stadttore. Dieses wurde allerdings in den 1980er Jahren umgebaut, da die Straße darunter verbreitert wurde. Nun ähnelt es mehr einer Fußgängerbrücke aus Beton und ist für uns kein lohnendes Fotomotiv.

Bedeutend reizvoller sind da schon die alten Häuserreihen auf der Côte de la Montagne mit den zahlreichen kleinen Lädchen darin. Den meisten davon statten wir gern einen Besuch ab, bevor wir weiterspazieren durch die Gassen der Unterstadt. Hier gibt es so viel Sehenswertes, z.B. die *Escalier Casse-Cou* - übersetzt „Halsbrechertreppe". Dies ist die älteste Treppe in Québec, sie stammt noch aus der frühen französischen Kolonialzeit. Ihre 59 Stufen verbinden die Straße Côte de la Montagne mit der Rue du Petit-Champlain. Von oben hat man einen wirklichen tollen Blick auf das bunte Treiben in der schmalen Straße.

Blick von der ‚Halsbrecher-Treppe'

Überall gibt es kleine Läden und Restaurants mit und ohne Au-
ßengastronomie; auch die Häuser selbst sind sehenswert, genau
wie das Gewusel unzähliger Touristen aus aller Herren Länder.
Wir durchstreifen das Viertel bis hinunter zur *Royal Battery*. Diese
Verteidigungsstellung wurde 1691 erbaut und gehörte bis 1763
zum Verteidigungssystem von Québec City. Das Gelände wurde

im Laufe der Zeit mit Kais und Lagerhallen bebaut, dann aber 1977 restauriert und als Parkanlage gestaltet. Einige erhaltene Kanonen dienen heute als Schauobjekte und Fotomotive.

Als wir hier ankommen und uns auf einer Bank niederlassen, ergießt sich ein Strom von Passagieren aus einem wohl erst kurz zuvor angekommenen großen Kreuzfahrtschiff. Anlass für uns, noch eine Weile hier im Park zu bleiben, bis diese Menschenmenge sich in der Stadt verteilt hat.

Am Kreuzfahrt-Kai

Gut ausgeruht machen wir uns schließlich doch wieder auf und schlendern weiter durch die Unterstadt.

Eine ganz Weile verbringen wir damit, uns die Fassade des *Maison Soumande* an der Rue Notre-Dame anzusehen.

Das dortige 420 m² große Wandgemälde illustriert die Geschichte der Stadt Québec. Es wurde 1999 von mehreren Künstlern geschaffen und ist wirklich sehenswert.

Die Portraits wichtiger historischer Figuren aus verschiedenen Epochen der Vergangenheit von Québec City, darunter zum Beispiel Jacques Cartier, wurden kombiniert mit verschiedenen Elementen aus Architektur, Geografie, Jahreszeiten und kulturellen Gemeinschaften.

Maison Soumande

Von hier sind es nur wenige Schritte bis zur *Place Royale*, dem ältesten Teil von Québec, einem kleinen schmucken Platz mit schön restaurierten Häusern, in denen sich kleine Cafés und Geschäfte befinden.

In der Mitte des Platzes steht seit 1686 eine Statue des Sonnenkönigs Ludwig XIV. Von Zeit zu Zeit, so wie auch jetzt während unseres Besuches, wird eine riesige Schneekugel darübergestülpt. Angeblich soll damit dargestellt werden, dass bald der Winter kommt und mit seinem Wetter stärker ist als ein König. Für mich als Schneekugel-Sammlerin ein willkommenes Fotomotiv.

Umhüllte Statue des Sonnenkönigs

Am südlichen Ende dieses Platzes steht die kleine Kirche *Notre-Dame-des Victoires*. Sie wurde zwischen 1688 und 1723 erbaut und war die erste ganz aus Stein errichtete Kirche auf dem nordamerikanischen Kontinent. Sie steht genau an der Stelle, wo Champlain 1682 das allererste Gebäude Québecs errichtet hatte. Steine dieses Gebäudes wurden auch in der Kirche verbaut.

Gerne würden wir hineingehen und das Innere der Kirche besichtigen. Ein Schild vor dem Eingang weist jedoch darauf hin, dass gerade eine Messe abgehalten wird und in der Zeit Besichtigungen unerwünscht sind. Selbstverständlich respektieren wir das und durchstöbern stattdessen die umliegenden kleinen Geschäfte und Boutiquen - selbstverständlich auch mit Erfolg.

Da wir weiterhin unseren Plan verfolgen, das Kircheninnere zu besichtigen, beschließen wir, in einem kleinen Eiscafé, dem *Café La Maison Smith*, schräg gegenüber der Kirche eine Pause einzulegen.

Kleine Pause...

Wir ergattern sogar einen Tisch im Außenbereich, wo wir uns entspannt niederlassen. Unser Junior entscheidet sich für einen Eisbecher, während wir Erwachsenen Cappuccino bzw. Limonade bevorzugen. All das wird uns von einem freundlichen jungen Kellner an den Tisch gebracht, der noch freundlicher lächelt, als er uns untereinander reden hört. Sofort fragt er in perfektem

Deutsch, ob wir aus Deutschland kämen. Als wir bejahen entwickelt sich eine nette Unterhaltung, in deren Verlauf wir erfahren, dass er einige Jahre in Berlin als Lehrer gearbeitet hat. ...Die Welt ist und bleibt wirklich ein Dorf. Die Verabschiedung fällt sehr herzlich aus - und das Trinkgeld recht großzügig.

Das Schild vor dem Kircheneingang ist inzwischen entfernt worden, was für uns bedeutet, dass einer Besichtigung nichts mehr im Wege steht. Wir sind überrascht, wie hell es im Kircheninneren ist. Die Wände sind weiß, nur wenige Fresken und Ornamente sind darauf. Von der Decke hängen auch hier Miniaturschiffe. Der Altar ist relativ schmucklos gestaltet, aber schön. Wir empfinden die Ausstattung als wohltuenden Gegensatz zum Pomp und Prunk größerer katholischer Kirchen. Dass wir die angenehme Kühle im Gebäude genießen und uns deswegen ein paar Minuten länger als notwendig hier aufhalten, sei nur am Rande erwähnt.

Im Inneren der Kirche

Allmählich ist es an der Zeit, unseren ausgiebigen Aufenthalt in der Unterstadt zu beschließen - und zwar mit einem Highlight. Dafür begeben wir uns in die Rue du Petit Champlain, Haus Nummer 2, unmittelbar am Fuß der *Escalier Casse-Cou.*

Dies ist die Talstation der Standseilbahn und es warten bereits einige andere Personen, um in das Gebäude zu gelangen. Doch es geht recht zügig voran und schon bald stehen auch wir in dem ziemlich kleinen Raum, in dem es die obligatorischen Andenken und für je 3,50 Dollar pro Person die Fahrkarte für die *Funiculaire* zu kaufen gibt.

Wir haben Glück und bekommen einen Platz direkt vorn in der Kabine, so dass wir die Fahrt unmittelbar verfolgen können.

Die Standseilbahn - bequemer als Laufen

Auch wenn das Vergnügen nur kurz ist, so ist es für uns doch nicht alltäglich, mit solch einem Lift zu fahren.

Nach dem Ausstieg am *Château Frontenac* wählen wir für unseren weiteren Spaziergang durch die Stadt fast die gleiche Strecke wie am Vortag, biegen diesmal aber von der Rue Sainte-Anne rechts in die Rue du Fort ab, auf der wir zur Kathedrale *Notre-Dame de Québec* gelangen.

Altar in der Kathedrale

Diese Kirche ist der älteste Sitz einer Diözese nördlich von Mexiko sowie die älteste Pfarrkirche Nordamerikas. Der erste Bau stammt aus dem Jahr 1647, wurde aber 1759 durch die Briten zerstört. Der Neubau fiel 1922 einem Brand zum Opfer. Die heutige Kirche wurde 1930 fertiggestellt und steht seit 1966 unter Denkmalschutz. Auffallend an ihrem Äußeren ist, dass nur ein Turm komplett errichtet wurde, der zweite Turm endet nach ca. 2/3 Höhe. Vier Gouverneure von Neufrankreich und die bisherigen Bischöfe und Erzbischöfe von Québec sind in der Kathedrale beigesetzt.

Im Inneren des Gotteshauses erwartet uns wieder der Prunk, den wir in einer Kirche dieser Größenordnung erwartet haben.

Es dauert eine ganze Weile, bis wir uns überall umgesehen und alles angeschaut - und nebenbei die angenehme Kühle genossen haben. Wieder an der warmen Luft im Freien kommen wir nicht weit. Auf dem Platz zwischen der Kathedrale und dem Rathaus haben einige Gaukler und talentierte Akrobaten ihr Publikum gefunden, zu dem wir uns hinzugesellen.

Während wir uns bespaßen lassen fällt der Blick auf die Uhr. Es ist bereits wieder später Nachmittag, was wir auch an unseren leise knurrenden Mägen merken. So geht es also weiter, der Einfachheit halber über die uns schon bekannte Rue Saint Jean, wo wir doch noch einigen kleinen Läden einen Besuch abstatten, bis hinauf zum gleichnamigen Stadttor.

Auf der Stadtmauer

130

Per Treppe gelangen wir oben auf das Tor, an das sich Reste der alten Stadtmauer anschließen, die ebenfalls begehbar sind.

Vorbei am *Kent Gate* gelangen wir so bis zur *Port St Louis*, wo wir die Treppe hinunter bis auf Straßenniveau nehmen.

Stadttor Port St Louis

Somit befinden wir uns wieder auf der Grande Allée, auf der wir auf direktem Wege zurück zu unserem Hotel kommen. Unterwegs werfen wir jeweils einen Blick auf die Speisekarten der ansässigen Restaurants, um eines für unser Abendessen auszuwählen. Doch wirklich entscheiden können wir uns jetzt noch nicht, daher geht es erst einmal zurück auf die Zimmer, wo wir uns ausruhen und frischmachen.

Eine gute halbe Stunde später treffen wir uns in der Lobby und machen uns zum Essen auf den Weg. Da wir zuvor schon eine gewisse Vorauswahl getroffen hatten, entscheiden wir uns schließlich für die *Taverne Grande Allée* unweit von unserem Hotel, die durch die einfachen Holztische und -bänke auf der Terrasse recht rustikal und urig wirkt.

Wir bekommen einen großen Tisch zugewiesen und ein freundlicher Kellner bringt schnell die Speise- bzw. Getränkekarte. Die Auswahl darin ist gut, so dass jeder von uns schnell fündig wird und sich für ein Menü entscheidet. Einzig unser Junior hätte lieber keinen gebratenen Speck auf seinem Burger; ein Wunsch, den er dem Kellner gegenüber bei Aufgabe der Bestellung auch so - in sehr gutem Französisch - äußert.

Die bestellten Getränke werden zügig gebracht und wir harren der weiteren Dinge, die da kommen werden. Währenddessen macht es wieder einmal Vergnügen, Leute zu gucken, die vorbeispazieren oder an Nachbartischen sitzen.

Als das Essen kommt, kommt mit ihm auch die Überraschung. Der vom Junior abbestellte gebratene Speck liegt kunstvoll drapiert in einem Schälchen auf dem Teller des Vaters. Augenzwinkernd wird das vom Kellner damit begründet, dass es doch zu schade sei, auf so etwas Leckeres zu verzichten. Dem müssen wir lachend zustimmen.

Das Essen ist wirklich gut und reichlich - und es gibt sogar Mayonnaise zu den Pommes!

Gerne bestellen wir noch eine weitere Runde Getränke und genießen die Gemütlichkeit und Atmosphäre dieses Restaurants.

Lecker....

Es ist schon recht spät, als wir zum Hotel aufbrechen, aber bis dahin sind es ja nur wenige Schritte.

Wir verabreden noch, am nächsten Morgen wieder bei *Tim Hortons* zu frühstücken, dann geht es auf die Zimmer und in eine entspannte Nachtruhe...

15. Tag - Québec City - Tadoussac

Nach dem Frühstück bei unserem ‚Lieblingsbäcker' bummeln wir ein letztes Mal zurück zum Hotel.

Unsere anschließende morgendliche Abreiseroutine mit Koffer-packen, Zimmerkontrolle auf eventuell vergessene Dinge und Hinterlassen von Trinkgeld für das Zimmermädchen geht zügig vonstatten, genauso wie das Auschecken und die Bitte an den Concièrge, unser Auto aus der Garage zu holen.

Keine 10 Minuten später sind wir abfahrbereit und auch das Navi ist programmiert. Für die heutige Etappe weiter Richtung Norden nach Tadoussac zeigt es eine Strecke von 217 Kilometern mit einer ungefähren Fahrzeit von gut 3 Stunden an. Ausreichend Zeit, um unterwegs Zwischenstopps einzulegen.

Die Fahrt geht zügig hinaus aus Québec über die QC-138E, deren Streckenverlauf fast ununterbrochen dem Lauf des St.-Lorenz-Stroms folgt.

Nachdem die letzten Außenbezirke von Québec hinter uns liegen, lässt die Bebauung rechts und links der Straße merklich nach, das Bild wird geprägt von viel Grün auf der einen und dem Flussufer auf der anderen Seite.

Im Ort Sainte-Anne-de-Beaupré, eine knappe halbe Stunde Fahrtzeit nördlich von Québec, entdecken wir unmittelbar an unserer Route gelegen einen großen IGA Supermarkt, der wie geschaffen dafür ist, unsere Vorräte an Getränken und Snacks aufzufüllen. Dazu gönnen wir uns diesmal auch eine Flasche Wein und ein Sixpack Bier für den kommenden Abend in unserer Unterkunft, die diesmal eine Pension sein wird.

Heike, deren Entzündung an den Beinen noch immer nicht ganz ausgeheilt ist, nutzt die Gelegenheit, sich in der benachbarten Apotheke beraten und eine entzündungshemmende Salbe verordnen zu lassen.

Nachdem alle Einkäufe verstaut sind, verweilen wir noch einige Zeit auf dem Parkplatz, damit Heike die Salbe auftragen und ich noch eine Zigarette rauchen kann. Zudem nutzen wir die Zeit, im Internet und dem Navi nach lohnenden Zielen auf unserer Route Ausschau zu halten. Und wir werden auch sehr schnell fündig, denn unweit von Sainte-Anne gibt es einen Canyon gleichen

Namens, wo es einen beeindruckenden Wasserfall, schöne Wanderwege und mehr Sehenswertes geben soll. Das klingt perfekt!

Nur wenige Kilometer hinter Sainte-Anne zeigt uns ein Wegweiser an, links abzubiegen. Diese Straße führt direkt zum Parkplatz des Canyons, der als Park in privater Hand ist und für dessen Besuch wir am Welcome Center 14,50 Dollar Eintritt zahlen (müssen).

Doch der Text des Info-Flyers, den wir mit unseren Tickets bekommen, klingt vielversprechend - lässt mich, die ich an Höhenangst leide, aber auch Schlimmes ahnen....

Wir erfahren, dass der *Canyon Sainte-Anne* eine steile Schlucht ist, die vom Fluss Sainte-Anne-du-Nord im Laufe der Geschichte in die Felsen gegraben wurde. Der Fluss fällt über einen 74 m hohen Wasserfall innerhalb der Schlucht - das ist höher als die Niagara-Fälle.

1973 wurde der Park der Öffentlichkeit zugänglich gemacht. Seitdem kommen alljährlich mehr als 100.000 Besucher hierher. Der Park kann nur zu Fuß begangen werden, der angelegte Rundweg beinhaltet drei Hängebrücken, die den Canyon überqueren, davon befindet sich eine in 60 Metern Höhe über dem Fluss (ich werde zunehmend blasser...).

Es werden viele malerische Panoramen angekündigt. Und ich kann es an dieser Stelle vorwegnehmen: Der Prospekt verspricht nicht zu viel. Ein Spaziergang durch diesen Park, durch die hier von der Natur geschaffene Landschaft, ist wirklich ein Erlebnis. Ich werte unseren Besuch hier durchaus als einen der nicht wenigen Höhepunkte unserer Reise.

Auch Klettern und das Abseilen von den Canyonwänden sind den Besuchern, die das möchten, unter Aufsicht erlaubt. Außerdem gibt es eine Seilrutsche. Der Park bewirbt diese so: *„Lehnen Sie sich zurück, atmen Sie tief durch... und schweben Sie über ein atemberaubendes Fels- und Wasserpanorama. Überqueren Sie den Wald mit voller Geschwindigkeit (bis zu 50 km/h), um schließlich 90 m über der Schlucht des Canyons und ihrem wilden, rauschenden Wasser zu baumeln. Nutzen Sie die Gelegenheit, die Schlucht so zu sehen, wie Adler es können. Sie werden unsere kanadische Natur auf eine neue unerwartete Art und Weise erleben! Dies ist die erste derartige Anlage in einem Naturpark in Kanada!'* Nun ja, wem's gefällt....

Ich bin mir in diesem Augenblick, nachdem wir den Park betreten haben, gar nicht mehr sicher, ob ich überhaupt den Rundweg gehen werde. Ich könnte auch hier im kleinen Restaurant auf die Rückkehr meiner Freunde warten.

Andererseits zeigt ein Blick auf die Wegekarte, dass ich jederzeit die Möglichkeit habe, umzudrehen und zu diesem Ausgangspunkt zurückzukehren, die Entfernungen wirken überschaubar.

Nach einer kurzen Bedenkzeit entschließe ich mich doch zum Mitgehen und wir machen uns alle gemeinsam auf den Weg. Dieser endet jedoch bereits wieder nach einigen Metern - in diesem Areal verteilt stehen mehrere lebensgroße aus Holz geschnitzte Tierfiguren, darunter auch ein Bär, in dessen Arme man sich nett einkuscheln und fotografieren lassen kann - genau unser Ding!

Ein freundlicher Bär

Nachdem die Aufnahmen gemacht sind, setzen wir unsere Wanderung fort - um nach wenigen Metern erneut zu stoppen - diesmal vor Erschrecken, denn genau über unsere Köpfe hinweg verläuft die Seilbahn - und in diesem Moment überquert uns eine laut kreischende junge Frau.

Den weiteren Weg durch den Wald legen wir ohne Unterbrechungen zurück. Durch die Bäume können wir hin und wieder einen Blick auf das Wasser erhaschen, das hier relativ langsam dahinfließt. Dann kommen wir zur ersten Brücke, die noch vollkommen harmlos ist und die ich ohne Probleme betreten und überqueren kann.

Selbst zu dem Wasserfall, der links von uns nur wenige Meter von dieser Brücke entfernt hinunterstürzt, kann ich entspannt hinübersehen und fotografieren.

Hier sehen wir auch die erste von einigen Tafeln, die im Park verteilt aufgestellt sind und den Kindern auf geeignete Weise alles Wissenswerte rund um den Park, die Erdgeschichte, die Natur, etc., vermitteln. Dafür wurden Märchenfiguren erfunden, die Petraminis. Es besteht sogar die Möglichkeit, dies mit einer App auf dem Handy zu verfolgen. Wörtlich heißt es:

„Betritt die Welt der Petraminis und erlebe, wie diese kleinen Kreaturen die Geschichte des Canyon Sainte-Anne, dieses Koloss aus Wasser und Stein, geprägt haben. Wandere über die Pfade und hilf den Petraminis, die Farben des Regenbogens zu finden, der von den Riesen gebrochen wurde. Während deiner Reise wirst du in diesem Abenteuer durch ein virtuelles Erlebnis auf deinem Mobilgerät herausgefordert. Jung und Alt, kommt und tretet in die Ursprünge des Canyons ein!"

Wir schauen uns den Park und den Canyon allerdings lieber in Natur an und lesen unterwegs lediglich die Texte auf den verschiedenen Tafeln, die diese Geschichte in althergebrachter Weise erzählen.

Hinter der ersten Brücke führt der Weg wieder durch Wald, was eine wohltuende Kühle bringt.

Es ist selbst für mich (noch) entspannend, begleitet vom Rauschen des Wassers über den Waldweg zu schlendern, zumal er nicht von Menschenmassen verstopft ist. Sehr viele Besucher sind an diesem Tag nicht hier im Park unterwegs.

Der nächste Aussichtspunkt lässt schon mehr von der Höhe des Wasserfalls erahnen.

Diese wird noch offensichtlicher am nächsten Halt, von wo aus wir auf den Wasserfall blicken, aber auch auf einige Kletterer, die auf den Felsen unmittelbar daneben ihren Weg suchen.

Mir wird dabei schon vom Zusehen schwindlig, also wende ich meinen Blick schnell ab und betrachte liebe die dunkelgrünen Baumwipfel über mir.

Kletterer am Wasserfall

Wir setzen den Rundweg fort, dabei lesen wir interessiert die Schautafeln und genießen einfach nur die Natur.

Doch dann erreichen wir den Punkt auf diesem Weg, der mir schlagartig Schweiß auf die Stirn treibt und meinen Puls rasen lässt, obwohl ich aus den Beschreibungen ja bereits wusste, dass es irgendwann kommen würde. Ich stehe vor der Hängebrücke, die in 60 Metern Höhe über den hier ziemlich stark strömenden Fluss führt - und es ist der einzige Weg, eine Alternative gibt es nicht; umzukehren wäre die alleinige Option.

Eine ganze Zeit stehe ich da, atme durch. Toll wäre jetzt eine Zigarette, doch hier im Wald ist das Rauchen strikt verboten. Erik bietet sich an, mich beim Überqueren der Brücke zu begleiten, mich festzuhalten, doch das würde auch nicht helfen. Wer von den geschätzten LeserInnen ebenfalls unter Höhenangst leidet, kann meine Gefühle sicher nachvollziehen.

Zum Glück sind wir fast allein an dieser Stelle, das lässt mich dann doch zu einem wagemutigen Entschluss kommen. Ich werde die Brücke ganz allein überqueren. Die anderen halten mit quasi den Rücken frei und sorgen dafür, dass niemand die Brücke betritt, während ich darauf bin. Das, so hoffe ich inständig, wird verhindern, dass die Brücke zu schwingen beginnt, wodurch ich, in meiner irrationalen Vorstellung, hinunter in den sicheren Tod stürzen würde.

Noch einmal zögere ich, doch dann wage ich tatsächlich den ersten Schritt. Es folgt der zweite, ich stehe auf der Brücke, setze dann vorsichtig einen Fuß vor den anderen. Mein Blick ist stur geradeaus gerichtet, fixiert auf einen Baum am anderen Ufer. Zum Glück ist die Brücke gerade so breit, dass ich die aus dicken Drahtseilen bestehenden Handläufe rechts und links greifen und mich so festhalten kann. Auf diese Weise nähere ich mich langsam, aber stetig meinem Freund, dem Baum. Und dann ist es tatsächlich vollbracht! Ich erreiche die aus wenigen Stufen bestehende Treppe am anderen Ende der Brücke und spüre schließlich auch wieder festen Waldboden unter den Füßen. Ich gebe zu, ich bin nicht nur erleichtert, sondern auch wirklich richtig stolz auf mich... Wie schön wäre jetzt eine Zigarette zur Belohnung...

Ich habe es geschafft!!

Die anderen überqueren lockeren Schrittes die Brücke, als wäre sie ein gepflasterter Weg in der Fußgängerzone...

Noch ganz euphorisch folge ich gemeinsam mit meinen Freunden dem vorgegebenen Rundweg - der an einer Treppe mit schätzungsweise 60 Stufen endet, die hinunter zum Flussufer führen. Das schaffen wir locker - doch unten angekommen stehen wir... vor einer Brücke. Diese führt quasi als Sackgasse in nur geringer Höhe über den Fluss zu einer Aussichtsplattform am anderen Ufer. Nach meiner kurz zuvor erbrachten beeindruckenden Leistung also eigentlich kein Problem, sie zu überqueren, denke ich. Doch diese Brücke erweist sich als Problem, denn sie besteht aus Lichtgitterrosten, die als sehr niedrige Stufen angeordnet sind. Dabei muss man genau hinsehen, wo jeweils eine Stufe endet. Dieses Hinuntersehen auf die Stufen bedeutet gleichzeitig ein Hinuntersehen in das an dieser Stelle heftig tosende Wasser - und somit ist es für mich aus. Keine Chance, den Fluss zu überqueren.

Sieht einfacher aus als es ist

Da dieser Weg aber ohnehin eine Sackgasse ist und der eigentliche Rundweg am diesseitigen Ufer weiterführt, ist das nicht so tragisch. Der Weg hier hinunter hat sich dennoch gelohnt, denn von diesem Standort sehe ich die zuvor von mir überquerte Hängebrücke - und deren Höhe.

Also mache ich ein Foto, dann erklimme ich voller Elan wieder die Stufen nach oben, während die anderen den Fluss überqueren und das Schauspiel des tosenden Wassers von dort aus betrachten.

Meine ‚Horrorbrücke' aus anderer Perspektive

Nach ungefähr 15 Minuten sind auch die anderen wieder oben angekommen und gemeinsam spazieren wir über das letzte Stück des Rundweges, das uns zurück zum Welcome Center führt. Wir machen es uns erst einmal auf einer Bank auf dem Vorplatz gemütlich, frequentieren auch das WC-Häuschen - und ich rauche die längst fällige Belohnungszigarette für meine Heldentat.

Der abschließende Abstecher in den Souvenirshop ist schon obligatorisch und rundet diesen rundum gelungenen Abstecher durch den *Canyon Sainte Anne* ab.

Wir fahren weiter auf der 138, die rechts und links überwiegend gesäumt ist von Wäldern, Feldern und Wiesen. Nur hin und wieder taucht dazwischen ein Gehöft oder ein kleiner Ort auf. Der erste größere Ort, den wir auf diesem Weg durchqueren, ist Saint-Tite des Caps, dahinter stellt sich wieder das gewohnte Bild einer nur relativ gering besiedelten Landschaft ein.

Bei Baie-Saint-Paul, einer Stadt, die diese Bezeichnung aufgrund ihrer Größe auch verdient, müssen wir uns entscheiden, ob wir die Fahrt auf der 138, die etwas nach links abschwenkt, fortsetzen, oder auf die in etwa gleich lange 362 wechseln, die entlang des St.-Lorenz-Stromes verläuft. Da uns das Navi jedoch auf der 138, kurz vor La Malbaie, eine Niederlassung unseres ‚Lieblingsbäckers' anzeigt, fällt die Entscheidung nicht schwer.

Nebenbei: Hatte ich übrigens schon erwähnt, dass wir bereits seit Toronto im Besitz von Kunden- bzw. Bonuskarten von *Tim Hortons* sind? Sobald darauf 10 Einkäufe gebucht sind, gibt es einen Artikel nach Wahl gratis.

Da wir diese Anzahl noch nicht erreicht haben, sind wir förmlich gezwungen, auch an diesem *Tim Hortons* anzuhalten, um unseren obligatorischen Nachmittagskaffee einzunehmen.

Erholt und gestärkt setzen wir danach unsere Fahrt nach Tadoussac fort. Die dafür in etwa erforderlichen 1,5 Stunden vergehen bei der entspannten Fahrt recht schnell, zumal nur relativ wenig Verkehr auf der Straße herrscht.

Doch hinter Saint-Firmin, einem kleinen Badeort, verlangsamt sich der Verkehr und kommt kurz vor der Touristeninformation an der *Pointe Noire* ganz zum Stillstand. Wir stehen am Ende der Warteschlange für die Fähre über den hier vom St.-Lorenz-Strom abzweigenden *Saguenay-Fjord*, an dessen anderem Ufer

Tadoussac liegt. Die Fähre ist die einzige Möglichkeit, das Wasser zu überqueren, eine Brücke gibt es nicht. Da die 138 die einzige Straßenverbindung in den Norden ist, ist die Warteschlange auch entsprechend lang.

Die Fähren fahren ganzjährig Tag und Nacht auf der 1,6 Kilometer langen Strecke und benötigen für die Überfahrt ca. 10 Minuten. Ihre Benutzung ist kostenlos. Generell sind zwei Fähren im Begegnungsverkehr unterwegs, von denen jede 110 Fahrzeuge und 432 Passagiere aufnehmen kann. In den Sommermonaten ist noch ein drittes Schiff in Betrieb, um die Wartezeit bei dem erhöhten Andrang an Fahrzeugen auf etwa eine Viertelstunde zu verkürzen.

Die Fähre nach Tadoussac

Für uns dauert es dennoch ungefähr 45 Minuten, dann steuern auch wir unseren Wagen nach Anweisung von erfahrenen Helfern auf das Fahrzeugdeck. Von der Möglichkeit, während der Fahrt aus dem Wagen auszusteigen und auf dem Schiff herumzulaufen, macht Erik gerne Gebrauch. Wir andern ziehen es vor, uns nicht aus unserem ganz dicht neben dem Nachbarfahrzeug geparkten Auto herauszuwinden.

Außerdem ist es ganz witzig zu beobachten, wie kurz vor dem Anlegen am Ufer alle Fahrer fast gleichzeitig zu ihren Fahrzeugen laufen und sich in diese hineinzwängen.

Das Entladen der Fähre erfolgt dank der erfahrenen Fähr-Mitarbeiter genauso professionell und zügig wie das Beladen zuvor.

Da die Straße, die vom Anleger weiter nach Norden führt, im Hafenbereich extra mehrspurig ausgebaut ist, dauert es auch nur wenige Minuten, bis der Verkehr ganz normal fließt.

Unsere Unterkunft für die nächsten beiden Tage, die *Auberge Maison Gauthier et Les Suites de l'Anse*, befindet sich kurz hinter dem Ortseingang von Tadoussac, in der Rue du Bateau Passeur, links von der 138.

Unser Domizil

Hinter dem Haupthaus gibt es einen großen Anbau mit Apartments und Zimmern, dazu einen großen Parkplatz und nur wenige Meter entfernt befindet sich ein kleiner Badesee, der *Lac de l'Anse a l'Eau*. Der junge Mann an der Rezeption ist sehr freundlich und führt uns durch den Garten zum Anbau, wo sich unser Apartment, das wie bei einem Motel von außen zugänglich ist, im ersten Stock befindet.

Da es nur eine Treppe nah oben gibt, lassen wir zunächst unser großes Gepäck im Wagen und nehmen nur Rucksäcke und ein paar Kleinigkeiten mit hinauf. Hinter der Tür befindet sich ein kleiner Flur, geradeaus geht es in ein großes Zimmer mit zwei großen Betten. Links vom Flur führt eine Tür zum zweiten Schlafzimmer und der Blick dort hinein lässt uns staunen: Dies ist mit Abstand das kleinste Zimmer, das wir je auf einer Reise bewohnt haben.

Ziemlich eng...

Der Platz rechts und links neben dem nur 1,20 m breiten Doppelbett reicht nicht einmal, um beide Koffer abzustellen, der Durchgang zwischen Fußende des Bettes und dem winzig kleinen Bad mit enger Dusche, kleinem Waschbecken und Toilette beträgt höchstens 50 Zentimeter. Aber das Bett scheint bequem und alles ist sauber und ordentlich.

Wir holen unser Auto auf den Parkplatz, nehmen das Gepäck und machen uns erst einmal frisch, bevor wir dann aufbrechen, um den Ort zu erkunden und eine Gelegenheit zum Abendessen zu finden. Inzwischen ist es bereits früher Abend und ein leichtes Hungergefühl stellt sich bei uns allen ein.

Karte Tadoussac

Tadoussacs Geschichte beginnt im Jahr 1600, als es als erster dauerhafter französischer Handelsposten im damaligen Neufrankreich gegründet wurde. Durch die günstige Lage in einer Bucht wurde der Ort später Ausgangspunkt für Forschungsreisen und ein Zentrum für Walfang. Ab der Mitte des 19. Jahrhunderts kam dann der Tourismus dazu, von dem die knapp 1000 Einwohner der Stadt heute überwiegend leben.

Inzwischen gilt Tadoussac als einer der besten Walbeobachtungsplätze der Welt - und das ist auch der Grund, aus dem wir diesen Ort in unsere Route integriert haben. Die Chancen, hier Beluga-, Buckel-, Finn-, Zwerg- und/oder Blauwale in ihrem natürlichen Lebensraum zu sehen, sind sehr hoch.

Da wir das unbedingt wollen, führt unser erster Weg im Ort zur Ticketverkaufsstelle des Veranstalters *Croisières AML*, um unsere

Plätze auf einem der Walbeobachtungsschiffe am nächsten Tag zu buchen. Im Angebot sind sowohl Touren mit dem großen Schiff für mehrere hundert Passagiere als auch Zodiac-Touren, also Fahrten mit dem Festrumpf-Schlauchboot. Für Sabine und mich steht gleich fest, dass wir das große Schiff buchen werden, die anderen drei zögern und überlegen erst noch, wählen dann aber Tickets für das Zodiac.

Beide Touren starten am nächsten Tag um 15 Uhr. Wir bekommen unsere Tickets und einige Erläuterungen und Instruktionen von der freundlichen Mitarbeiterin, dann beginnen wir unseren Erkundungsgang durch die kleine Stadt.

Erfreut stellen wir zuerst fest, dass es fußläufig von unserer Pension eine Bäckerei gibt, die Frühstück anbietet - so können wir sicher sein, am nächsten Morgen nicht verhungern zu müssen.

Wir schlendern die Rue des Pionniers, die Hauptstraße von Tadoussac, entlang, an der es einige kleine Boutiquen und Läden gibt, denen wir einen Besuch abstatten. Allerdings werden wir nicht recht fündig. Es gibt auch verschiedene Restaurants, doch wir wollen mit dem Essen noch warten und erst einmal hinunter zum Strand gehen. Unser Weg führt vorbei am *Hotel Tadoussac* mit seinem markanten roten Dach.

Das Hotel Tadoussac

Das große Hotel wurde schon 1864 gebaut und ist sicherlich das markanteste Gebäude in Tadoussac. 1984 wurde hier der Film „Hotel New Hampshire" u.a. mit Jodie Foster gedreht.

Schräg gegenüber, direkt oberhalb des Strandes, steht die kleine, 1747 erbaute *Chapelle des Indiens*. Dies ist eine der ältesten noch existierenden Holzkirchen in Nordamerika.

Fischerkapelle in Tadoussac

Wir bummeln weiter die Strandpromenade entlang. Überrascht stellen wir fest, dass es hier am St.-Lorenz-Strom, der ja ein Fluss ist, tatsächlich Ebbe und Flut gibt; und aktuell herrscht ganz offensichtlich Ebbe.

Kurz spielen wir mit dem Gedanken, zum Strand hinunterzugehen, verzichten dann aber darauf, da mittlerweile der Hunger doch recht groß geworden ist. So machen wir uns lieber auf die Suche nach einem Restaurant.

Ebbe am Fluss

Wir nehmen den Weg zurück zur Hauptstraße, wo wir überrascht feststellen müssen, dass es an diesem Abend offensichtlich ein Problem ist, irgendwo etwas zu essen. Die meisten Restaurants sind bis auf den letzten Platz gefüllt, andere bieten Speisen, die uns nicht zusagen. Etwas ratlos überlegen wir, was wir tun sollen. Als Lösung bietet sich an, im einzigen kleinen Supermarkt etwas einzukaufen und dann in der Unterkunft zu essen. Doch der Laden ist tatsächlich bereits geschlossen.

So wird das heutige Abendessen für uns alle zu einer Premiere. Wir gehen zurück zu unserer Unterkunft und tragen dort zusammen, was jeder von uns an Essbarem mit sich führt, darunter Kekse, Chips, Milchbrötchen, Minisalamis, Käse und mehr. Zusammen mit dem Wein und dem Bier für die Erwachsenen und antialkoholischen Getränken für unseren Junior wird das ein echt tolles Menu, das uns sogar satt macht.

Anschließend machen wir noch einen kleinen Verdauungsspaziergang über den Parkplatz, dann ist es an der Zeit, schlafen zu gehen.

Dabei wird schon das ‚Bettfeinmachen' für Heike und mich in unserem kleinen Zimmerchen zur logistischen Herausforderung.

Da nur Platz für einen Koffer ist, muss der andere, nachdem das Notwendigste herausgenommen wurde, hinaus auf den Flur gestellt werden. Doch wir bekommen alles hin und begeben uns dann ins Bett. Dabei stellt sich heraus, dass ein Bett mit einer Breite von 1,20 Metern und nur einer Decke für zwei Personen, die kein Paar sind, ebenfalls eine Herausforderung darstellt. Doch irgendwann siegt die Müdigkeit und wir finden noch ein paar Stunden erholsamen Schlaf.

16. Tag: Tadoussac

Beim Aufwachen stelle ich fest, dass ein paar Muskeln in meinem Körper recht verspannt sind. Daher bleibe ich ein paar Minuten länger als gewöhnlich unter der Dusche, die übrigens perfekt funktioniert, obwohl sie so winzig ist. Um auch Heike den nötigen Raum zu geben, sich fertig zu machen, verlasse ich das Zimmer.

Es ist schon recht warm um diese frühe Uhrzeit und mit der ersten Zigarette des Tages spaziere ich eine Runde über den Parkplatz. Dabei fällt mein Blick auf einen ganz am Ende des Platzes direkt am Waldrand parkenden PKW mit offenen Fenstern, vor bzw. neben dem zwei angeleinte Hunde auf dem Boden liegen und schlafen. Aus dem Wagen sind leise Schnarchgeräusche zu vernehmen. Ganz offensichtlich ist hier jemand spät in der Nacht angekommen und hat sich diesen Platz für die Übernachtung auserkoren.

Auch eine Übernachtungsmöglichkeit...

Da möchte ich selbstverständlich nicht stören und gehe wieder zurück zum Haus.

Kurz darauf sind wir alle bereit für den kurzen Spazierweg zur Bäckerei *A L'Emportée Coop* am Ortseingang.

Schon aus einiger Entfernung ist zu erkennen, dass wir nicht die einzigen sind, die hier einkaufen möchten. Die Warteschlange vor der Eingangstür ist ziemlich lang, was aber, wie wir schnell erkennen, auch daran liegt, dass das Ladenlokal sehr klein ist. So warten die beiden Männer schließlich draußen, während wir drei Mädels für die Nahrung sorgen.

Die Auswahl ist sehr gut, frisch zubereitete Sandwiches, Süßgebäck, Croissants, Muffins, aber auch frisches Obst liegen verführerisch in der Auslage. Natürlich gibt es Kaffee in allen Varianten und Größen, aber auch andere Getränke wie Tee, Kakao, Säfte, usw.

Da die Plätze auf der kleinen Terrasse der Bäckerei alle belegt sind, laufen wir mit unserem Frühstück die kurze Strecke zurück zu unserer Unterkunft und frühstücken gemeinsam im großen Zimmer bzw. auf dem dazugehörigen Balkon... fast so gemütlich wie zuhause.

Wir können uns ausreichend Zeit lassen, da wir für die Walbeobachtungstouren erst um 14 Uhr am jeweiligen Treffpunkt zur Abholung mit dem Bus, der uns zu den Booten bringt, sein müssen.

Natürlich wollen wir bis dahin nicht untätig sein, also spazieren wir erneut in das Städtchen und wieder hinunter zum Strand, den wir dieses Mal auch betreten wollen.

Zuvor jedoch begeben wir uns in die Kapelle, die nun geöffnet ist. Der kleine Raum ist schlicht und ziemlich schmucklos gehalten, einzig von der Decke hängt ein recht respektabler Kerzenkronleuchter.

Selbst der Altar präsentiert sich einfach und ohne Prunk und Pomp. Für die Gläubigen stehen ein paar einfache Holzbänke bereit.

Die weiße Madonnenfigur sieht aus, als sei sie aus Gips gefertigt. Aber all die Schlichtheit verleiht diesem kleinen Gotteshaus eine Menge Charme.

Schlichter Altar in der Fischerkapelle

Nun also fügen wir unserer Reise auch einen Hauch von Badeurlaub hinzu.

Von der Promenade gehen wir die wenigen Schritte hinunter an den Strand von Tadoussac. Die Schuhe bzw. Sandalen behalten wir dort aber an den Füßen, denn zum überwiegenden Teil besteht der Strand aus Kiesel- und gröberen Steinen, die unangenehm in die Fußsohlen stechen. Doch das tut unserem Vergnügen, direkt am Wasser entlang zu spazieren, keinen Abbruch.

Zwischendurch lassen wir uns auf einem großen Felsblock nieder und schauen einfach nur aufs Wasser hinaus, nicht zuletzt in der Hoffnung, eventuell einen Wal zu erblicken, die hin und wieder auch hier in die Bucht hineinschwimmen.

Doch wir hoffen leider vergebens.

Die Bucht von Tadoussac

Wir bummeln weiter zum südlichen Ende der Bucht mit dem kleinen Hafen, dort steigen wir die Stufen hoch zurück auf die Promenade, die wir bis zu ihrem südlichen Ende weitergehen. Hier befindet sich das *Marine Mammal Interpretation Centre (CIMM)*. Dies ist sowohl eine Art Museum über Wale als auch ein Stützpunkt von Walforschern. Den Besuch dort haben wir uns jedoch für den Folgetag vorgenommen, so dass wir jetzt nur durch die parkartig gestalteten Außenanlagen spazieren.

Den gemütlichen Bummel zurück zu unserer Pension unterbrechen wir in einigen Geschäften, wo wir diesmal auch ein paar Souvenirs erwerben.

In der Unterkunft gilt es dann, etwas wärmere Kleidung anzuziehen, so wie es uns von der Ticketverkäuferin für die Walbeobachtung empfohlen wurde.

Derart gerüstet geht es in getrennten Gruppen auf zu unserem Abenteuer.

Während die drei Schlauchboot-Fahrer direkt von unserer Pension abgeholt werden, befindet sich die Busstation für Sabine und mich gegenüber dem Verkaufskiosk, in dem wir die Tickets für die Tour erworben haben.

Es geht pünktlich los, an zwei weiteren Haltestellen steigen weitere Passagiere zu. Am Schiffsanleger ist bereits eine ziemlich große Menschenmenge versammelt, als wir dort eintreffen.

Nach ein paar Minuten sehen wir auch das Schiff, mit dem wir fahren werden, die *AML Grand Fleuve*, die von der Mittagstour zurück in den Hafen einläuft. Das Aus- und Einsteigen aller Passagiere verläuft recht zügig, so dass das Schiff schließlich pünktlich zur Walbeobachtungstour ablegen kann.

Walbeobachtungs-Schiff

Wir haben uns einen Platz auf dem Oberdeck gesucht und stellen nach dem Auslaufen schnell fest, dass der Tipp bezüglich der wärmeren Kleidung sehr nützlich war. Es weht ein frischer Wind. Da das Schiff eine große Strecke aus der Bucht hinausfahren muss (der St.-Lorenz-Strom ist hier gut 25 Kilometer breit), gibt ein Crewmitglied unterdessen über Lautsprecher einige Informationen über die Bucht, den St.-Lorenz-Strom und natürlich über die Wale, die wir hoffentlich zu sehen bekommen werden.

Hier bei Tadoussac prallen drei unterschiedliche maritime Ökosysteme aufeinander: das Süßwasser des St.-Lorenz-Stroms, die Gebirgsgewässer aus dem *Saguenay-Fjord* und das Salzwasser, das von den Gezeiten aus dem Atlantik hereingedrückt wird. Daraus entsteht ein extreme Mischung aus kalten und warmen Strömungen und aus Süß-, Salz- und Brackwasser. Das schafft den Lebensraum für riesige Mengen Fische und Krill, wodurch wiederum die Wale angelockt werden. Wir erfahren weiter, dass hier ganzjährig eine größere Population Belugawale heimisch ist, die sonst eigentlich nur in arktischen Gewässern zu finden sind. Dazu gibt es Blau-, Finn- und Buckelwale, aber auch Zwergwale werden immer wieder gesichtet. Nirgendwo sonst auf der Welt besteht die Möglichkeit, so viele Walarten zusammen von Ausflugsbooten und manchmal sogar vom Ufer aus beobachten zu können.

Das klingt sehr vielversprechend und so halten wir intensiv Ausschau.

Wir schauen auch jedes Mal genau hin, wenn uns eines der Zodiacs überholt, die mit hoher Geschwindigkeit über das Wasser rasen. Wir hoffen, vielleicht den anderen Teil unserer Reisegruppe darin erkennen zu können. Doch das ist unmöglich, da die Boote nicht nur schneller als wir sind, sondern die Passagiere auch in Ganzkörperanzüge mit Kapuzen gekleidet sind.

Mit dem Zodiac ganz nah am Wal

So konzentrieren wir uns lieber auf die eigentlichen Zielobjekte unseres Ausflugs. Und tatsächlich, wir haben Glück. Nachdem wir bereits eine geraume Zeit auf dem Wasser kreuzen, wird es plötzlich unruhig, die ersten Passagiere springen auf und versuchen, einen guten Platz an der Reling zu bekommen. Wir schließen uns an und blicken suchend aufs Wasser.

Über Lautsprecher informiert die Crew, wo vom Schiff aus gesehen die Wale sind. Es sind ein paar Finnwale, die nah an unserem Boot schwimmen. Voller Eleganz tauchen sie aus dem Wasser auf und wieder hinein, aber leider springt keiner. Dennoch ist es ein Erlebnis, die Tiere hier in ihrem natürlichen Lebensraum zu sehen. Nach und nach tauchen weitere Wale auf.

Es wirkt so, als machten sie sich einen Spaß daraus, das Schiff und die inzwischen zahlreichen Zodiacs zu umkreisen und für die Passagiere quasi Modell zu stehen.

Wale in freier Natur

Leider ist es mit der Handy-Kamera auf dem schwankenden Schiff ziemlich schwierig, die Wale zu fotografieren. Da Sabine ihre Spiegelreflexkamera dabeihat, stecke ich mein Handy lieber ein und beobachte die beeindruckenden Tiere ‚ohne Filter'.

Da leider alles einmal ein Ende hat, signalisiert die Crew irgendwann, dass es nun zurückgeht Richtung Tadoussac. Auch während der Rückfahrt halten wir Ausschau nach weiteren dieser imposanten Meeresbewohner, doch leider erfolglos.

Zum Abschluss der Fahrt geht es mit dem Schiff noch zu einem Abstecher hinein in den *Saguenay-Fjord*. Dieser Fjord hat eine Gesamtlänge von 100 Kilometern, misst an seiner tiefsten Stelle 278 Meter und ist bis zu 3 Kilometern breit. Hier bei Tadoussac mündet er in den St.-Lorenz-Strom. Da das Schiff mit gemächlichem Tempo fährt, können wir die Fahrt entspannt genießen und das Panorama der hoch aufragenden Felswände in Ruhe betrachten.

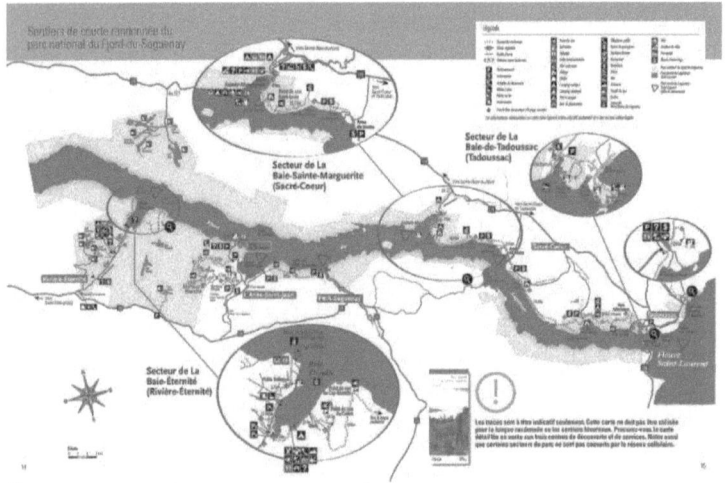

Übersicht über den Saguenay-Fjord

Nach insgesamt dreistündiger Tour betreten wir wieder festen Boden. Da von der anderen Hälfte unserer Reisegruppe nichts zu sehen ist, gehen Sabine und ich zurück zu unserer Pension und warten dort auf die anderen.

Es dauert auch nicht sehr lange und wir sind wieder vollzählig. Gegenseitig berichten wir von unseren Erlebnissen, wobei sich herausstellt, dass wir während der Walbeobachtung tatsächlich nah beieinander waren. Die drei, insbesondere der Junior, sind absolut begeistert von der Fahrt mit dem Schlauchboot. Offensichtlich hatte der Steuermann extra ein wenig mehr aufs Gas gedrückt, um seinem jüngsten Passagier zu einem besonderen Erlebnis zu verhelfen.

Nachdem wir uns noch eine kurze Zeit ausgeruht haben, machen wir uns erneut auf den Weg in den kleinen Ort, in der Hoffnung, heute ein richtiges Abendessen zu bekommen. Und wir haben Glück, im Restaurant *Le Bateau* in der Rue des Forgerons bekommen wir einen Tisch - und zum Abendessen gibt es ein Buffet. Dies bietet für jeden Geschmack etwas und das Angebot ist gut und reichlich.

Nach dem heutigen Abenteuer hat auch unser Junior richtig Appetit; er langt wiederholt beim Buffet zu und bestellt sich zum Abschluss in perfektem Französisch ein Crêpe bei der freundlichen Kellnerin.

Derart gestärkt machen wir noch einen abendlichen Bummel hinunter zum Strand. Schon als wir uns der kleinen Kapelle nähern fällt uns dahinter ein dichtes Nebelband auf, das ziemlich schnell in die Bucht hineinzieht. Da es nur ein Streifen und keine komplette Nebelwand ist, wirkt das sehr unheimlich und wir machen unsere Scherze, das gleich ein paar Piratengeister daraus auftauchen und einen Rachefeldzug starten... was zum Glück ja nur in Filmen geschieht.

Immerhin bekommen wir so noch ein tolles Fotomotiv.

Nebel (des Grauens) über der Bucht...

... der aber auch einen Hauch Romantik bringt

Es ist bereits dunkel, als wir in unsere Pension zurückkehren.
Wir nehmen noch einen letzten Absacker und planen den nächsten Tag, dann geht es wieder in unser Kämmerlein.

17. Tag: Tadoussac - Edmundston

Bevor wir heute Tadoussac verlassen versorgen wir uns nach dem frühen Aufstehen bei ‚unserem' Bäcker wieder mit einem Frühstück, das wir uns auf dem Balkon des großen Zimmers schmecken lassen. Unsere heutige Station Edmundston in New Brunswick dient lediglich als Übernachtungsstopp, so dass wir uns unterwegs ausreichend Zeit für eventuelle Zwischenstopps lassen können.

Einzig ein Termin ist fix und den müssen wir einhalten: Die Abfahrt der Fähre von Les Escoumins um 14:30 Uhr, die uns über den St.-Lorenz-Strom nach Trois-Pistoles bringt. Die Überfahrt mit dieser Fähre **muss zwingend** im Internet (traversiercnb.ca) vorgebucht werden, da sie meist nur einmal am Tag verkehrt und Plätze für die Überfahrt entsprechend begehrt sind.

Daher dürfen wir diese Fähre auf keinen Fall verpassen, denn eine weitere wird an diesem Tag nicht mehr fahren und eine Alternative zur Überquerung des Flusses gibt es im Grunde nicht. Nördlich von Québec City gibt es keine Brücken mehr, lediglich drei Fährverbindungen, von denen Les Escoumins - Trois-Pistoles eine ist.

Da Les Escoumins jedoch nur knapp 40 Kilometer nördlich von Tadoussac liegt, bleibt uns noch Zeit, das Walmuseum zu besuchen.

Um über die viel befahrene Durchgangsstraße in den Ort hineinzukommen nutzen wir nun eine Entdeckung, die Erik zufällig am Vortag gemacht hat:

Es existiert ein Fußgängertunnel! Der beginnt nur wenige Meter neben unserer Pension, unterquert die Straße und endet auf der gegenüberliegenden Seite in einer Art Holzunterstand, den wir bisher für eine Haltestelle oder ein Schutzhäuschen gehalten haben - denn Hinweisschilder für den Tunnel gibt es keine...

Wir schlendern unseren gewohnten Weg hinunter zum Wasser und über die Promenade weiter bis zum CIMM, dem *Marine Mammal Interpretation Centre*, das hier in Tadoussac in einem markanten Gebäude mit Blick auf den Fjord viele Besucher anlockt, zu denen auch wir heute gehören.

Das CIMM in Tadoussac

Dies ist nicht nur ein Museum, sondern zugleich auch Stützpunkt für einige Meeresbiologen, die sich mit den Walen und ihrem Lebensraum befassen. Und sie stehen den Besuchern auch
bei deren Rundgang zur Seite, geben Erläuterungen und beant-
worten Fragen. Wir werden gleich am Eingang begrüßt und
freundlich in Empfang genommen. Als die Mitarbeiterin während

des kurzen Gesprächs unseren Akzent bemerkt und wir uns als Deutsche zu erkennen geben, bittet sie uns, vor dem kleinen Kinosaal, in dem ein kurzer informativer Film über ein Wal-Waisenkind gezeigt wird, noch etwas zu warten. Der Grund ist, dass sie für uns extra die englische Sprachversion des Films auswählt, damit wir den Text besser verstehen können als in der französischen Originalversion.

Nach der Filmvorführung betreten wir den eigentlichen Ausstellungsraum. Von der Decke hängen einige Respekt einflößende Skelette gestrandeter Wale, zahlreiche Infotafeln, Fotos und Modelle vermitteln viel Wissenswertes über die einzelnen Walarten und deren Leben. An einem Gerät können wir unser Gehör messen, an anderer Stelle erklingt der Gesang der Wale.

Die Ausstellung insgesamt ist absolut sehens- und empfehlenswert; zudem unterstützt man mit einem Besuch auch die wichtige Arbeit der Meeresbiologen. Wir geben noch ein wenig mehr Unterstützung, indem wir auch den Souvenirshop besuchen und ihn mit ein paar netten Erinnerungsstücken wieder verlassen.

Walskelette

Unseren Besuch schließen wir mit einem nochmaligen kurzen Rundgang durch den kleinen Park ab, der um das Gebäude herum angelegt ist. Am Ufer des Fjordes halten wir noch ein letztes Mal Ausschau nach Walen, doch leider vergeblich. Stattdessen nehmen wir mit einem Erinnerungsfoto von den im Park errichteten Belugawal-Skulpturen Vorlieb.

Beluga-Skulptur vor dem Walzentrum

Dann heißt es Abschied nehmen von Tadoussac. Wir gehen zurück zu unserer Pension, packen wie gewohnt unseren Wagen und verabschieden uns von unseren Gastgebern.

Die Fahrt geht weiter auf der 138 - die hier überall auch als „Route des Balaines" (Walstraße) bezeichnet wird - nach Norden.

Die Fahrt verläuft recht eintönig, weil einerseits die Landschaft entlang der Straße wenig Abwechslung bietet, andererseits herrscht ziemlich wenig Verkehr auf der Strecke. Die einzige größere Ansiedlung, die wir unterwegs durchfahren, ist Les Bergeronnes, eine aus drei Ortsteilen bestehende Gemeinde mit ungefähr 700 Einwohnern.

So kommen wir nach einer knappen Stunde Fahrtzeit in Les Escoumins an, einer 1825 gegründeten Siedlung mit heute knapp

2.000 Einwohnern, von denen ungefähr 200 im hier bestehenden Reservat der *Essipit,* einer der *First Nations,* leben.

Kurz vor der Zufahrt zum Fähranleger halten wir auf dem Parkplatz eines Minimarktes mit Tankstelle an, um einem dringenden Bedürfnis nachzugehen. Erst beim Aussteigen aus dem Wagen sehen wir, dass wir uns gegenüber dem *Manakashun Essipit Cultural Center* befinden, dem auch ein kleines Freilichtmuseum angegliedert ist, denn neben dem Gebäude befinden sich einige Totems, Tipis und andere Objekte aus der Geschichte und Kultur der Ureinwohner.

Bei der Abfahrt vom Parkplatz fällt uns auf, dass hier sogar die Straßenschilder zweisprachig sind. So lernen wir, dass „STOP" bzw. das französische „ARRÊT" in der Sprache der *Essipit* „NA-KAI" heißt.

Über die Rue du Quai geht es die letzten Meter hinunter zum Fähranleger. Falls wir erwartet hatten, hier auf Trubel, ein stark frequentiertes Abfertigungsgebäude mit Restaurant oder ähnliches zu treffen, so waren diese Erwartungen maßlos übertrieben.

Am Fähranleger

Außer einem kleinen Parkplatz mit zwei Picknicktischen, der Kaianlage mit Zufahrtspuren und zwei Dixi-Toiletten gibt es hier ... nichts, außer der Weite des Flusses, der hier fast 30 Kilometer breit und gar nicht mehr als Fluss zu erkennen ist. Nicht einmal die Fähre ist da.

Wir sind so rechtzeitig hier angekommen, dass wir unseren Wagen recht weit vorn auf einer der Wartespuren abstellen, einen der Picknicktische belegen und das Auto im Auge behalten können.

Leider stehen Tisch und Bänke in der prallen Sonne auch dieses erneut heißen Sommertages, so dass wir uns nach kurzer Zeit schon wie gebraten fühlen. So spazieren wir über die Kaianlagen, wo zwar auch kein Schatten vorhanden ist, wir aber näher am Wasser sind, wo zumindest etwas Wind weht.

Es ist uns schon zur Gewohnheit geworden, das Wasser nach Walen abzusuchen. Tatsächlich erkennen wir weiter draußen auf dem Wasser ein paar Belugas, leider zu weit entfernt, um mit dem Handy gute Fotos zu schießen. Einen Ausgleich dazu gibt uns aber ein Seehund, der unweit des Kais im Wasser schwimmt.

Obwohl der Zeitpunkt der Abfahrt immer näher rückt, ist von der Fähre noch nichts zu sehen. Ganz allmählich jedoch erscheint dann am Horizont ein kleiner dunkler Punkt, der langsam größer wird und schließlich als Schiff zu erkennen ist - die Fähre.

Wir beobachten das Anlegemanöver und die Routine und Schnelligkeit, mit der die Crew dafür sorgt, dass die Passagiere mit und ohne Fahrzeug zügig das Schiff verlassen, damit wir und die inzwischen doch zahlreichen anderen Wartenden ihre Plätze einnehmen können.

Die Fähre hat eine Kapazität zum Transport von 42 Fahrzeugen und 195 Passagieren. Die Fahrzeit, in der das Schiff die knapp 30 Kilometer lange Überfahrt zurücklegt, beträgt gut 90 Minuten.

Das Ticket kostet pro Person 22,75 Dollar, dazu kommen 50,50 Dollar für das Auto. Insgesamt also für uns nicht ganz günstig, aber wie oft im Leben werden wir wohl noch mit einer Fähre den St.-Lorenz-Strom überqueren? Und, wie schon erwähnt, eine Alternative gibt es ohnehin so gut wie nicht.

Während Erik mit dem Auto auf die Fähre fährt, gehen wir anderen entsprechend der Vorschrift zu Fuß auf das Schiff. Wir haben Glück und ergattern Plätze im geschlossenen Oberdeck.

Auch wenn es eigentlich ein schöner heißer Sommertag ist, kann es auf dem Wasser empfindlich kalt und feucht werden. Noch bevor die Fähre dann pünktlich ablegt, gesellt sich auch Erik zu uns.

Die Fähre

Während der anderthalbstündigen Überfahrt gehen wir abwechselnd immer mal wieder nach draußen an die Reling, um auch hier an der Fährroute Ausschau nach Walen zu halten. Und wie schon am Anleger entdecken wir in einiger Entfernung ein paar Exemplare der großen Meeressäuger, ohne jedoch erkennen zu können, welcher Gattung genau sie angehören.

So vergeht die Zeit recht schnell, bis wir schließlich in Trois-Pistoles (übersetzt: Drei Pistolen) anlegen.

Nach dem zügigen Herunterfahren von der Fähre starten wir, nun wieder auf unseren vier Rädern, die Weiterfahrt nach

Edmundston. Der erste Teil der rund 125 Kilometer langen Strecke führt vom Fähranleger direkt durch die Stadt Trois-Pistoles, einem Ort mit gut 3.500 Einwohnern, gegründet 1696.

Weil wir uns schon zuvor nach der Herkunft dieses eigenartigen Ortsnamens gefragt hatten, haben wir recherchiert: Pistole ist der französische Name einer früheren spanischen Goldmünze. Die Münze gab der Stadt ihren Namen, weil einer örtlichen Legende zufolge im 17. Jahrhundert ein Entdecker einen Kelch im Wert von drei Pistolen hier im Fluss verlor.

Unübersehbar ragen mitten in der Stadt die Türme einer Kirche heraus. Wir veranstalten intern ein kurzes Ratespiel, wie wohl der Name dieser sicherlich katholischen Kirche lauten könnte. Die Lösung kommt unisono: Sie heißt *Notre-Dame des Neiges* und wurde ca. in der Mitte des 19. Jahrhunderts gebaut.

Die Fahrt geht zwar nicht ganz so zügig voran wie noch die Etappe vom Vormittag, doch nach nicht allzu langer Zeit erreichen wir den Abzweig auf die QC 232, die schließlich bei Cabano auf die Autoroute 85 bzw. Trans-Canada Highway NB2 E trifft. Auf dieser Straße fahren wir bis Edmundston, wo wir die Ausfahrt 18 nehmen und nach nur kurzer Fahrt auf dem Boulevard Hébert an unserem Hotel, dem *Best Western Plus Edmundston*, ankommen.

Hotel in Edmundston

Das Hotel liegt etwas außerhalb der Stadt am Rande eines offensichtlich neuen Gewerbegebietes sowie in unmittelbarer Nähe eines großen Krankenhauses und macht schon von außen einen guten Eindruck.

Dieser bestätigt sich, als wir nach dem sehr zügigen Einchecken unsere Zimmer betreten. Alles ist sauber und ordentlich, Bade- und Handtücher sind ausreichend vorhanden - und es stehen jeweils zwei große Queen-Betten in jedem Zimmer bereit. Welch eine Wohltat nach dem Kämmerlein und dem schmalen Bett in Tadoussac.

Wir gehen noch einmal zurück zum geparkten Wagen, um Getränke etc. zu holen. Als wir an der Rezeption vorbeikommen schicken wir im Stillen ein Dankgebet gen Himmel: In der Halle stehen Dutzende Reisende mit Gepäck, die soeben mit einem Bus angekommen sind und einchecken wollen. Wären wir wohl 10 Minuten später angekommen, hätten wir sicher endlos lange warten müssen... So können wir uns nun entspannt auf unseren Betten ausstrecken und noch etwas ausruhen, bevor wir uns auf die Suche nach einer Möglichkeit zum Abendessen machen.

Vorher stellen wir jedoch noch unsere Uhren um eine Stunde zurück, denn wir befinden uns jetzt in der Provinz New Brunswick und somit in einer anderen Zeitzone als zuvor in der Provinz Québec. Kanada ist in insgesamt 6 Zeitzonen eingeteilt und in New Brunswick gilt die *Atlantic Standard Time*, die lediglich 5 Stunden hinter der deutschen Zeit zurückliegt.

New Brunswick ist eine der drei Seeprovinzen Kanadas und die einzige offiziell zweisprachige Provinz. Hier leben mehr als 750.000 Einwohner auf einer Fläche von knapp 73.000 Quadratkilometern. Die Hauptstadt ist Fredericton mit etwa 56.000 Einwohnern und gut 270 Kilometer südöstlich von Edmundston gelegen.

Edmundston hat knapp 17.000 Einwohner, von denen 98% französischsprachig sind, mehr als irgendwo sonst in dieser Provinz. Die Stadt lebt überwiegend von der Holzindustrie, was wir bei unserer Anreise unschwer an den zahlreichen rauchenden Schloten der Sägewerke und Papierfabriken erkennen konnten.

Nachdem wir uns hinreichend ausgeruht haben begeben wir uns, wie heutzutage üblich per Netz, auf die Suche nach etwas

Essbarem. Unsere Wahl fällt auf ein Schnellrestaurant, das nicht allzu weit vom Hotel entfernt ist.

Bei unserer Ankunft stellt sich dies als Teil eines ganz neuen Foodcourts heraus, der offensichtlich zu einer noch im Bau befindlichen Rastanlage am Trans-Canada Highway gehört. So kann jeder von uns nach seinem Geschmack hier zu Abend essen.

Obwohl es bereits dunkel ist möchten wir uns gern noch ein wenig die Beine vertreten. Da wir ohnehin noch Getränke und andere Dinge benötigen, liegt es nahe, dies mit einem Einkauf zu verbinden. Wir finden dafür auch ein Walmart-Supercenter, das über den Highway in nur wenigen Minuten erreichbar ist.

Und dieser Markt ist tatsächlich super - im Lebensmittelbereich stoßen wir auf eine Selbstbedienungstheke, an der man alle erdenklichen Nascherein wie Weingummi, Lakritz, aber auch getrocknetes Obst und Nüsse einzeln bzw. grammweise erwerben kann.

Wir fühlen uns wie im Kinderparadies und schlagen natürlich kräftig zu. Was die Kanadier, die uns im Vorübergehen mit skeptischen Blicken betrachten, darüber denken, ist uns in diesem Moment völlig egal. Ich erwerbe z.B. ein Tütchen mit bereits geknackten ungesalzenen Erdnüssen, ein paar Weingummischlangen, dann noch ein paar Lakritzschnecken und so weiter. Die Ausbeute der anderen ist ähnlich umfangreich, aber schließlich liegen ja auch noch ein paar Urlaubstage vor uns, da muss man gut gerüstet sein...

Noch eine ganze Weile bummeln wir durch den riesigen Supermarkt und tätigen auch unsere geplanten Einkäufe. Dabei landen, wie eigentlich immer, auch ungeplante Dinge im Einkaufswagen.

Es ist schon recht spät, als wir wieder im Hotel eintreffen. Da noch immer sehr angenehme Temperaturen herrschen, bleiben wir noch einige Zeit auf den Bänken vor dem Eingang sitzen. Doch dann siegt die Müdigkeit, wir begeben uns auf unsere Zimmer und zur Nachtruhe.

18. Tag: Edmundston - Saint John

Heute liegt eine Etappe von fast 400 Kilometern vor uns, deren Ziel das *Hilton Hotel* am Market Square in Saint John unmittelbar an der *Bay of Fundy*, der Meeresbucht zwischen New Brunswick und Nova Scotia, ist.

Zuvor jedoch wollen wir uns mit einem guten Frühstück im Hotel stärken... doch genau diesen Plan verfolgen zeitgleich auch die Mitglieder der Reisegruppe, die am Vorabend angekommen war. Es herrscht ein derartiger Andrang im Frühstücksraum, dass auch in der Lobby kein freies Plätzchen mehr vorhanden ist. Also beschließen wir, noch einen kleinen Spaziergang einmal rund um das Hotelgebäude zu machen.

Bei unserer Rückkehr ist uns das Glück hold. Der Raum hat sich merklich geleert und wir bekommen einen Tisch, an dem wir alle gemeinsam Platz finden. So wird es noch ein richtig entspanntes Frühstück, das wir auch dazu nutzen, uns nach interessanten Dingen am Wegesrand unserer heutigen Strecke umzusehen.

Dabei stoßen wir in einem Werbeflyer der Region auf die sogenannten *Covered Bridges*, überdachte Holzbrücken, von denen es hier in New Brunswick einige gibt. Eine davon, die *Boniface Bridge*, ist lediglich 17 Kilometer vom Hotel entfernt. Wir sind uns schnell einig, dass das sicher ein lohnendes Ziel ist und machen uns, gut gestärkt vom Frühstück, nach dem reibungslosen Auschecken auf den Weg.

Der verläuft zunächst in südlicher Richtung auf dem Highway NB-2 E, dann über die Route 144. Je weiter wir auf dieser Straße fahren, umso einsamer wird die Umgebung. Nur noch vereinzelt stehen kleine Häuser am Straßenrand, sonst sehen wir nur Felder und Wälder. Und dann verliert unser Navi plötzlich das Signal. Da wir nicht mehr allzu weit von der Brücke entfernt sein können, fahren wir ohne unseren Lotsen weiter.

Dann ist die Straße zu Ende, wir müssen uns entscheiden, ob wir rechts oder links abbiegen möchten. Wir entscheiden uns für links. Dass rechts neben dieser Straße ein kleiner Fluss verläuft werten wir als gutes Zeichen. Obwohl wir sehr lange auf dieser Straße fahren, wir finden nirgends ein Anzeichen für eine überdachte Holzbrücke. Auch unser Navigationsgerät schweigt weiterhin. Schließlich kommen wir zu dem Schluss, dass wir wohl doch hätten rechts abbiegen müssen und wenden den Wagen.

Vor einem der wenigen Häuser an dieser Straße, die zuvor wie ausgestorben wirkten, sitzt nun ein älterer Herr. Wir halten an, steigen aus und fragen ihn - in dem besten uns zur Verfügung stehenden Französisch - nach der Brücke. Er erklärt uns, dass wir dazu wieder umdrehen und der Straße noch ein ganz langes Stück folgen müssen, bis rechts eine Abzweigung kommt - und diese führt direkt zur Brücke. Also waren wir doch auf dem richtigen Weg, hatten uns nur zu früh von der Einöde schrecken lassen.

Wir bedanken uns herzlich, wenden erneut und fahren den nun schon vertrauten Weg, nur diesmal weiter als zuvor. Und tatsächlich erscheint plötzlich rechts eine Einmündung. Wir lenken unseren Wagen dort hinein und finden uns nach ganz kurzer Zeit vor der *Boniface Bridge* wieder, die hier seit 1925 über den *Green River* führt. Die Durchfahrthöhe beträgt 3,9 Meter, die Fahrbahn ist drei Meter breit, insgesamt ist die Brücke 59,1 Meter lang.

Die Boniface Bridge

Da wir hier allein sind, machen wir uns natürlich den Spaß und durchfahren bzw. durchlaufen die Brücke hin und zurück, bevor wir uns wieder auf den Rückweg bzw. die Weiterfahrt zu unserem nächsten Ziel, der *Hartland Bridge*, machen.

Zum Glück findet unser Navi das Signal und den rechten Weg wieder, bevor wir den Highway erreichen. Auf diesem fahren wir in den kommenden knapp 45 Minuten, bevor wir an der Ausfahrt 172 abfahren, um der NB-130 N zu folgen, die uns direkt zu dieser Brücke führt.

Fast unmittelbar vor der Brücke ist rechts eine Ausbuchtung vorhanden, wo wir unseren Wagen abstellen, um die Brücke zu betrachten.

Die Hartland Bridge

Die *Hartland Bridge*, die über den *Saint John River* führt, ist mit 390,75 Meter Länge die längste *Covered Bridge* (überdachte Brücke) der Welt. Sie wurde 1901 fertiggestellt, allerdings noch ungedeckt. 1920 stürzten wegen der Vereisung des Flusses zwei Brückenelemente ein. Angesichts der notwendigen umfangreichen Reparaturen beschloss man, die Brücke zur überdachten Brücke umzubauen. Die (Wieder-)Eröffnung erfolgte dann 1921. Da der Autoverkehr immer mehr zunahm wurde 1945 ein Fußgängerweg angebaut. Seit 1980 steht die Brücke auf der Liste der national-historischen Objekte Kanadas.

Wir machen eine Reihe Fotos, bevor wir über (oder durch...?) die Brücke zum östlichen Ufer des Flusses fahren. Die Länge der Brücke erweist sich während der langsamen Fahrt mit max. 20 km/h als schon recht beeindruckend.

Am Ostufer angekommen stellen wir unseren Wagen auf dem Parkplatz des hier neben der Brücke eingerichteten Welcome Centers ab, wo ziemlich reger Betrieb herrscht. Auch von dieser Seite schießen wir einige Aufnahmen und sehen uns die Brücke und den Fußgängerweg ganz aus der Nähe an.

Die Brücke in ihrer Gesamtlänge

Bevor wir den Souvenirshop betreten, gönnen wir uns einige Ruheminuten an einem der am Parkplatzrand aufgestellten Picknicktische.

Als wir mit unseren frisch im Shop erworbenen Souvenirs schließlich wieder zum Wagen gehen, stellen wir überrascht fest, dass wir uns insgesamt fast 90 Minuten hier an der Brücke aufgehalten haben... offensichtlich ist also auch diese Art Architektur durchaus interessant.

Wir fahren die Strecke zurück zum Highway NB-2 E, auf dem es weiter in südöstlicher Richtung nach Saint John geht. Da es inzwischen früher Nachmittag geworden ist und wir ohnehin seit einigen Tagen bereits auf unseren ‚Lieblings-Kaffeeversorger' verzichten mussten, halten wir unterwegs Ausschau nach dem vertrauten roten Schriftzug, den wir nur wenig später zu unserer Freude neben der Schnellstraße nahe des kleinen Orts Beardsley entdecken.

Alle gemeinsam haben wir das Empfinden, dass uns die Donuts und der (Eis-)Kaffee lange nicht so gut geschmeckt haben.

Nach dieser angenehmen Stärkung setzen wir die Fahrt auf der NB-2 E fort, bis wir südlich von Oromocto auf die NB-7 S wechseln, die uns Richtung Süden bis fast an die Küste der *Bay of Fundy* bringt. Dort schwenken wir, schon in den Außenbezirken von Saint John, auf die NB-1 E ab, die wir in Saint John an der Abfahrt 122 verlassen.

Saint John hat knapp 68.000 Einwohner und ist damit die zweitgrößte Stadt in der Provinz New Brunswick. Das „Saint" im Ortsnamen wird immer ausgeschrieben, damit es keine Verwechslungen mit dem Ort St. John's auf Neufundland gibt.

Saint John entstand aus einem 1631 von den Franzosen errichteten Fort, das die erste französische Siedlung in New Brunswick war. Die im Laufe der Zeit entstandenen Ansiedlungen rund um das Fort wurden schließlich 1785 zum Ort Saint John vereinigt.

Unser Hotel können wir schon von weitem sehen, als wir über die 1968 eröffnete große *Harbour Bridge*, die den *Saint John River* überquert, in die Stadt hineinfahren.

Das *Hilton*, ein mehrstöckiges Hochhaus, liegt direkt am Wasser und wir freuen uns schon auf den sicherlich tollen Ausblick, den wir von unseren Zimmern aus haben werden.

Das Hilton in Saint John

Wir halten vor dem Hotel und checken ein. Nach dem Ausladen des Gepäcks bringen wir den Wagen in die Tiefgarage unter dem gegenüber dem Hotel liegenden Einkaufszentrum, wo er bis zu unserer Abfahrt am nächsten Tag sicher steht. Hier in Saint John werden wir ihn nicht benötigen, das *Hilton* grenzt direkt an die Altstadt von Saint John, wo sich alles Sehenswerte in fußläufiger Entfernung befindet.

Nach einer kurzen Erholungspause auf unseren Zimmern, von wo aus wir tatsächlich einen schönen Blick auf den Hafen haben, machen wir uns auf, um sowohl die Umgebung zu erkunden als auch eine Möglichkeit zum Abendessen zu finden.

Die würde sich im Grunde gleich um die nächste Ecke vom Hotel bieten, denn hier befinden sich einige Restaurants mit Außen-gastronomie. Doch es ist derart voll, dass wir sogar Mühe haben, uns einen Weg durch die Menschenmenge zu bahnen.

Wir ‚flüchten' uns in den *Market Square*, das Einkaufszentrum, in dessen Tiefgarage auch unser Auto steht. Doch wir müssen feststellen, dass hier sehr viel Leerstand besteht, einige noch vorhandene Geschäfte haben bereits geschlossen; insgesamt macht das alles einen eher tristen Eindruck.

So überqueren wir die Water Street und schlendern am Market Square vorbei in die King Street. Hier befinden wir uns in der Altstadt. Ein Großteil dieses Viertels wurde bei einem verheerenden Feuer im Jahr 1877 zerstört. Man hat aber in den letzten Jahren sehr viel investiert, um diesem Geschäftsviertel wieder neuen Glanz zu verleihen, was offensichtlich auch gut gelungen ist. Auf der King Street und den Nebenstraßen stehen viele schöne Häuser, in denen sich zahlreiche kleine Geschäfte sowie Lokale und Restaurants befinden.

Wir sind überrascht, dass viele der Geschäfte an diesem eigentlich noch frühen Abend bereits geschlossen sind. Selbst das *King Street South* Einkaufszentrum, das ziemlich groß ist, bietet uns kaum noch Einkaufsmöglichkeiten. Allerdings ist hier ein geöffnetes Pizza-Restaurant und wir packen die Gelegenheit beim Schopfe, unser Abendessen einzunehmen.

Anschließend bummeln wir langsam zurück zum Hotel und genießen dabei die warme Abendluft. Am *Barbour's General Store* legen wir einen Zwischenstopp ein.

Dieses urige Gebäude stammt noch original aus dem 19. Jahrhundert und ist gleichzeitig Museum, Tourist Information und Souvenirladen. Der Originalladen wurde von Mitte der 1860er Jahre bis in die 40er Jahre des 20. Jahrhunderts als General Store betrieben.

Die Idee für das Museum hatte ein Geschäftsmann, der feststellen musste, dass seine Enkelin keine Kohle und andere Dinge kannte, die für ihn in seiner Kindheit selbstverständlich waren. So wurde der Laden originalgetreu eingerichtet und mit historischen Waren bestückt, die zur damaligen Zeit verkauft wurden, z.B. Kleidung, Schuhe, Hüte, Tabak, Medikamente, Haushaltsgegenstände, Werkzeuge, Lampen, Spielzeug usw. Daneben gibt es die üblichen Massensouvenirs für die zahlreichen Touristen, die diesen urigen Laden betreten, so wie wir dies nun auch tun.

Barbour's General Store

Augenblicklich fühlen wir uns weit in die Vergangenheit zurück-versetzt. Es wirkt alles so, als müsste gleich Mama Walton her-einkommen, einkaufen und den Verkäufer Ike bitten, anzuschrei-ben.

Nachdem wir uns ausgiebig umgesehen und ein paar kleine Souvenirs erstanden haben, gehen wir zurück zum Hotel. Dort bummeln wir noch ein Stück weiter über die um das Gebäude herum verlaufende Promenade.

Gegenüber steht ein kleiner Leuchtturm, auf der Molenwand darunter befindet sich ein großes Gemälde, dass je nach Gezeitenstand komplett sichtbar oder vom Wasser bedeckt ist.

So hat der Künstler hier wohl einen Dauerjob, denn sicherlich muss er in regelmäßigen Abständen die ausgewaschenen Bereiche seines Kunstwerks erneuern.

Sicher eine Sisyphos-Arbeit...

Allmählich breitet sich die Abenddämmerung aus. Während die anderen noch einen Spaziergang hinunter zum Meer machen möchten, ziehe ich es vor, in der Nähe des Hotels zu bleiben bzw. bald aufs Zimmer zu gehen. So trennen sich unsere Wege vorübergehend; ich bleibe noch eine Weile auf der Promenade sitzen und genieße die letzten Sonnenstrahlen des Tages, bevor ich es mir im Zimmer mit dem E-Book-Reader gemütlich mache und dabei meine Erdnüsse knabbere....

19. Tag: Saint John - Ellsworth / Bar Harbor

Unmittelbar nach dem Aufstehen zeigt sich Saint John leider doch nicht von seiner schönen Seite. Über Nacht ist die Flut gekommen und hat zusammen mit dem Wasser jede Menge Unrat in den Hafen befördert. Dieser schwimmt nun unter unserem Fenster... so viel zu dem tollen Ausblick, den wir erwartet hatten.

Was da schwimmt, ist nicht appetitlich...

Die heutige Strecke nach Ellsworth beträgt 267 Kilometer, wofür unser Navi eine reine Fahrtzeit von 2:50 Stunden nennt. Obwohl sich diese sicherlich durch den anstehenden Grenzübertritt zurück in die USA verlängern wird, nehmen wir uns die Zeit für einen erneuten Bummel durch Saint John. Zuvor steuern wir natürlich *Tim Hortons* auf der King Street an, nicht nur, weil uns dort das Frühstück am besten schmeckt, sondern auch, um die Bonuskarte zu füllen, bevor wir Kanada verlassen. Beim nächsten Zwischenstopp werden wir es geschafft haben...

Anschließend biegen wir von der King Street in die Germain Street ab und stehen kurz darauf vor dem *Saint John City Market*, einer großen Markthalle. Dabei handelt es sich um den ältesten kontinuierlich betriebenen Bauernmarkt Kanadas; die

Gründungsurkunde stammt von 1785. Einige der Marktbeschicker sind dort seit mehr als 100 Jahren durchgehend ansässig.

Wir gehen durch die verschiedenen Reihen der Marktstände in der Halle; das Angebot reicht von frischen Meeresfrüchten (mit dem entsprechenden Geruch...) über Gemüse, Obst, Stoffe, Handarbeiten, bis hin zu Kunstobjekten und einigen Imbiss- bzw. Getränkeständen. Die Geräuschkulisse ist beachtlich. Hier den ganzen Tag zu arbeiten dürfte eine Herausforderung sein.

Nachdem wir alles gesehen haben verlassen wir die Halle am östlichen Ende und finden uns auf der Charlotte Street wieder. Wir wenden uns nach rechts und gelangen zum *King's Square*, einem großen quadratischen Platz, der als kleiner Park mit viel Grün zum Verweilen einlädt.

Auf dem King's Square

Wir machen es uns auf einer Bank gemütlich und praktizieren unser beliebtes ‚Leute gucken', bevor es in ausgedehntem Bogen über Duke Street und Canterbury Street zum Market Square und dem dort ansässigen *Barbour's General Store* geht. Dort machen wir unsere letzten kleinen Souvenirkäufe und gehen zurück zum Hotel.

Das Auschecken gestaltet sich wieder einmal erfreulich unkompliziert, das Gepäck ist dank der inzwischen gewohnten Routine auch schnell verladen.

Bevor wir die Stadt in Richtung Ellsworth verlassen, geben wir dem Navi einen Zwischenstopp ein - die *Reversing Falls*, einige Stromschnellen, die sich ganz in der Nähe von Saint John im gleichnamigen Fluss befinden, kurz bevor dieser in die *Bay of Fundy* mündet.

Das Besondere an diesen Stromschnellen ist, dass sich deren Fließrichtung durch den extrem großen Tidenhub in Abhängigkeit von den Gezeiten umkehrt. Durch Felsen im Flussbett und eine darauffolgende enge Schlucht wird die Abflussbreite für das Wasser stark reduziert. Dadurch wird die Strömung dermaßen verstärkt, dass sowohl bei Ebbe als auch bei Flut Fließgefälle und Stromschnellen entstehen, aber jeweils in die entgegengesetzte Richtung. Das klingt interessant und so steuern wir diese Attraktion an.

Die Fahrt vom Hotel dorthin dauert ist nur kurz. Außer uns sind wenige Touristen hier, so dass wir keine Mühe haben, den Wagen auf dem großen Parkplatz abzustellen. Von dort sind es nur ein paar Schritte hinunter zum Ufer. Auf dieser Seite des Flusses sieht es recht nett aus, viel Grün, ein Weg entlang des Wassers wurde angelegt, Handläufe sichern die Besucher dagegen, ins Wasser zu fallen.

Direkt auf der gegenüberliegenden Seite steht jedoch eine riesige Papier- und Zellstofffabrik, die ihre Betriebswasser aus dem Fluss bezieht. Das schmälert die Optik gewaltig, aber wir konzentrieren uns auf die Strömung des Wassers. Leider ändert sich diese während unseres Aufenthaltes nicht, da das von den Gezeitenwechseln abhängt.

Stattdessen beobachten wir einen Schwarm Kormorane, die hier nach Fischen tauchen. Die Vögel lassen sich auf dem Wasser nieder und mit diesem treiben sie eine ganze Strecke abwärts, während sie mit dem Kopf eintauchen und nach Fischen schnappen. Ist dies gelungen, fliegen sie wieder stromaufwärts, landen erneut auf dem Wasser und alles beginnt von vorn. Das ist faszinierend zu beobachten.

Intelligente Kormorane

Dass wir abschließend auch noch ein paar Seehunde beobachten können, die sich in der Nähe des Ufers tummeln, führt dazu, dass wir unseren Aufenthalt hier noch um ein Weilchen verlängern.

Wir sind erst kurze Zeit wieder unterwegs, da halten wir bereits wieder an - auf dem Parkplatz der *Lancaster Mall*, einem kleinen Einkaufszentrum. Da wir ausreichend Zeit haben, durchstöbern wir einige der hier ansässigen Geschäfte, wobei unsere Ausbeute aber relativ gering ist.

Dann verlassen wir Saint John endgültig und fädeln uns in den Verkehr auf der NB-1 W ein, der wir zunächst bis zur Staatsgrenze mit den USA und dann weiter bis Ellsworth folgen werden.

Wir kommen zügig voran, die Straße ist gut ausgebaut und allzu viel Verkehr herrscht nicht. Rechts und links der Straße sehen wir überwiegend Wälder, Wiesen und Felder, nur vereinzelt tauchen

Ansiedlungen auf. Die Karte, die wir zur Hand genommen haben, um eventuell noch Sehenswürdigkeiten ausfindig zu machen, zeigt an, dass es hier einige Wildreservate gibt.

So sind wir auch nicht groß überrascht, als plötzlich gut 100 Meter vor uns ein Schwarzbär quer über die Fahrbahn rennt und in den Wäldern am Straßenrand verschwindet. Leider geht das viel zu schnell, um ein Foto zu machen. Aber wir haben in unserem Kanada-Urlaub doch noch einen leibhaftigen Schwarzbären gesehen!

Bei so viel Glück sind wir überzeugt, dass wir auch in anderer Hinsicht noch erfolgreich sein werden, bevor wir die Grenze erreichen.

Bei Upper Letang ist es dann soweit - der rote Schriftzug lockt uns von der Schnellstraße. Da sich außer *Tim Hortons* hier auch eine Tankstelle befindet, nutzen wir die Gelegenheit, um auch unserem Wagen etwas zu trinken zu geben. Außerdem kaufe ich noch Zigaretten ein, die hier in Kanada preisgünstiger sind als in den USA.

Wir parken den Wagen, dann geben wir uns dem Genuss von (Eis-)Kaffee und Donuts hin. Dieser Genuss ist umso größer, da ein Teil unserer Mahlzeit mit den vervollständigten Bonuskarten ‚finanziert' wurde - wir haben es geschafft! Außerdem müssen unbedingt ein paar Tassen als Souvenirs ins Gepäck.

Sehr lecker....

Die letzte Etappe auf Kanadas Straßen beginnt - und verläuft entspannt und ohne besondere Vorkommnisse. Wir vertreiben uns die Zeit mit Ratespielen, Plaudereien oder einfach nur etwas dösend (natürlich nicht der Fahrer).

Kurz vor St. Stephen sind wir aber alle wieder hellwach und aufmerksam, denn wir nähern uns dem Grenzübergang. An der Kontrollstation auf kanadischer Seite führt unsere Spur vorbei, dann überqueren wir auf der *International Avenue Bridge* den *St. Croix River*, in dessen Mitte die Grenze verläuft. Dahinter erwartet uns dann die US-Grenzkontrolle in Calais/Maine.

Wir ordnen uns in einer der sechs Abfertigungsspuren ein, wo jeweils ungefähr drei oder vier Fahrzeuge warten. Die Grenzkontrolle verläuft recht zügig, so dass wir nach knapp 10 Minuten Wartezeit auf das Zeichen des Zollbeamten langsam an den Schalter rollen. Er lässt sich unsere Pässe geben, die er intensiv prüft, so wie er auch uns mit skeptischen Blicken in Augenschein nimmt. Dennoch ist er nicht unfreundlich, während er seine obligatorischen Fragen nach dem Woher und Wohin und dem, was wir mit uns führen, stellt. Schließlich gibt er jedem einzelnen von uns seinen Pass persönlich zurück und wünscht uns eine gute Reise.

Wir sind wieder in den USA.

Somit fahren wir nun nicht mehr auf der NB-1 sondern auf der State Route 1, von der wir bei Baileyville abbiegen auf die State Route 9W. Auf dieser kommen wir bis Aurora im vorgeschriebenen Tempo und ohne besondere Vorkommnisse - bis auf eine kleine Pause für Raucher und wegen anderer Bedürfnisse - zügig voran.

Kurz hinter Aurora biegen wir auf die 179 S ab, die uns durch grüne Landschaften und kleine, teils ländlich geprägte Orte nach Ellsworth führt. Einmal noch biegen wir links auf die US-1 ab, die quer durch Ellsworth verläuft. An beiden Straßenseiten gibt es viele kleine und größere Geschäfte, Einkaufszentren, Restaurants und Souvenirläden. Wir befinden uns unverkennbar in einer beliebten Touristenregion.

Auch unser Hotel, das *Ramada Ellsworth*, liegt an dieser Straße und somit inmitten all dieser Angebote.

Das Hotel Ramada in Ellsworth

Ellsworth wurde im Februar 1800 als Stadt aus mehreren Ge-
meinden zusammengeführt und nach Oliver Ellsworth, einem der
Verfasser der Unabhängigkeitserklärung und dritter Präsident
des Obersten Gerichtshofs der USA, benannt.

Obwohl es in Ellsworth einige sehenswerte, unter Denkmalschutz stehende Gebäude und sicher auch eine Reihe anderer
Sehenswürdigkeiten gibt, haben wir es als Ausgangspunkt für
unsere Tour auf die vorgelagerte Insel *Mt. Desert Island* mit dem
bekannten Badeort Bar Harbor und dem *Acadia National Park* ge-
wählt.

Mit dem *Ramada* in Ellsworth haben wir einen guten Griff getan.
An der Rezeption treffen wir auf freundliches Personal, die Zimmer sind sauber und großzügig und unser Auto können wir, wie
bei einem Motel üblich, kostenlos quasi direkt vor der Zimmertür
parken.

Nachdem wir uns frisch gemacht haben fahren wir ins Zentrum
von Ellsworth, wo noch Straßenzüge mit Häusern aus der Zeit
des späten 19. und frühen 20. Jahrhunderts stehen.

Wir finden einen Parkplatz unmittelbar vor dem schmucken Rathaus, das laut Inschrift aus dem Jahre 1935 stammt.

Das Rathaus von Ellsworth

Von dort bummeln wir die Main Street hinunter bis zur Brücke über den *Union Flass*, wobei wir selbstverständlich auch in die dort ansässigen kleinen Geschäfte und Boutiquen hineinschauen. Dann geht es in gleicher Weise auf der anderen Seite die Straße wieder hinauf. In der warmen Abendsonne ist es ein angenehmer Spaziergang.

Doch irgendwann fällt das Wort ,Hunger' und wir bemerken, dass wir den alle verspüren. So fahren wir zurück in Richtung Hotel, wo unterwegs zahlreiche Möglichkeiten bestehen, eine Mahlzeit einzunehmen. Wir entscheiden uns für *Denny's*, ein Familienrestaurant mit leckeren Burgern.

Um nach dem wirklich üppigen Mahl noch etwas Bewegung zu bekommen und da wir ohnehin noch ein paar Einkäufe tätigen möchten, lassen wir unser Navi nach einem Einkaufszentrum suchen. Es dirigiert uns über die Hauptstraße nur wenige Minuten außerhalb des Ortskerns hinaus. Hier befindet sich ein großes Supercenter, das wie geschaffen für unsere Absichten ist.

Zwar erhalten wir in diesem Supermarkt keine einzeln verkäuflichen Nüsse oder Süßwaren wie in Kanada, doch unsere Ausbeute an Souvenirs und sonstigen notwendigen Dingen, die wir schließlich auf das Kassenband legen, kann sich durchaus sehen lassen.

Anschließend fahren wir zum Hotel zurück. Während die anderen noch durch das nebenan liegende Einkaufszentrum bummeln, mache ich es mir auf einer Bank vor dem Hotel bequem, ‚gucke Leute' und genieße die ein oder andere Zigarette.

Die anderen kommen nach relativ kurzer Zeit zurück; im Einkaufszentrum gibt es zahlreiche Leerstände, andere Geschäfte haben bereits Feierabend gemacht. So genießen wir gemeinsam die laue Abendluft.

20. Tag: Ellsworth - Acadia National Park - Freeport

Erholt und entspannt wachen wir am nächsten Morgen auf. Nach der üblichen Morgenroutine treffen wir uns im großen Frühstücksraum des Hotels, der sogar über eine von Bäumen beschattete Terrasse verfügt. Leider sind dort alle Plätze besetzt, aber auch im Frühstücksraum finden wir einen gemütlichen Tisch, der Platz für uns alle fünf bietet.

Das Frühstücksangebot ist reichhaltig und wirklich lecker. Damit schaffen wir eine gute Grundlage für den Tag, den wir größtenteils im *Acadia National Park* auf der vorgelagerten Insel *Mt. Desert Island* verbringen werden. Anschließend werden wir unsere Rundreise fortsetzen, deren heutiges Ziel der Ort Freeport ist.

Das Auschecken geschieht problemlos und nur wenig später rollen wir vom Hotelparkplatz, um gleich darauf wieder abzubiegen auf den Parkplatz des angrenzenden kleinen Einkaufszentrums. Eigentlich wollen wir nur nachsehen, ob eines der gestern Abend geschlossenen Geschäfte nun geöffnet ist, was leider nicht der Fall ist. Stattdessen findet hier offensichtlich ein Trödelmarkt statt. Das ist was für uns!

Schon an den ersten Ständen stellen wir fest, dass es sich hier um einen reinen Handarbeits- und Bastelmarkt handelt. Das Angebot der Hobbykünstler ist sehr umfangreich. Es gibt alles, von Stricksachen und genähten Dingen über geschnitzte Objekte bis zu Malereien. Und die Sachen sind wirklich gut gemacht, die Leute haben mit viel Liebe und Talent daran gearbeitet. Es macht Spaß, hier zu stöbern. Doch wir müssen die Uhr im Auge behalten und so machen wir uns auf den Weg nach Mt. Desert Island.

Der wohl bekannteste Ort auf dieser Insel ist der Badeort Bar Harbor, wo zu früheren Zeiten Familien wie die Rockefellers und Astors große Ferienvillen besaßen. Die wurden aber bei einem Brand im Jahre 1947, dem ein großer Teil des Ortes zum Opfer fiel, zerstört.

Die Fahrt zur Insel, wo wir das Welcome Center des Nationalparks ansteuern wollen, führt auf der ME-3 fast immer geradeaus und soll nur knapp 30 Minuten dauern. Dank eines aufgeschütteten Damms ist eine direkte Straßenverbindung zur Insel gegeben. Allerdings zieht sich unsere Anfahrt um einiges länger hin, da an diesem Tag sehr viele Menschen ebenfalls die Insel ansteuern. So geht es in gemütlichem Tempo vorwärts. Dadurch sehen wir unwillkürlich die unzähligen Angebotsschilder der Lobster-Verkäufer, die sich hier zu beiden Seiten der Straße aneinanderreihen.

Maine ist bekannt als das Land der Hummer, denn diese werden in diesem Bundesstaat millionenfach gefangen. Eine Statistik besagt, dass 2015 mehr als 53 Millionen Lobster mit den Netzen der Fischer in Maine aus dem Wasser geholt wurden.

Auch wenn viele der Schilder ideenreich und lustig gestaltet sind, können uns diese Angebote nicht locken.

Auf der Insel teilt sich die Straße; wir halten uns links und folgen weiter der ME-3, über die wir kurz vor Bar Harbor das *Hulls Cove Visitor Center* des Nationalparks erreichen. Auch hier ist es voll, wir müssen eine Weile suchen, um auf dem großen Parkplatz einen freien Platz zu ergattern. Von dort müssen wir ein ganzes Stück Weg durch den Wald laufen und dabei auch einige Treppen steigen, um zum Gebäude zu kommen.

Der Besuch dort ist notwendig, da wir für einen Zugangspass benötigen, um in den Nationalpark zu fahren. Die Gebühr dafür beträgt 30 Dollar für einen PKW mit Insassen, dafür ist der Pass aber auch 7 Tage gültig. Wie in allen Nationalparks der USA ist eine Straßenkarte mit allen wichtigen Sehenswürdigkeiten und umfangreichen Informationen ebenfalls im Preis enthalten.

Natürlich nutzen wir unseren Aufenthalt auch dazu, uns im Souvenirshop umzusehen... und einige Dollar in Andenken umzutauschen.

Noch ein abschließender Abstecher in die Waschräume, dann beginnen wir unsere Tour.

Laut unserem Reiseführer ist der *Acadia-Nationalpark* vor allem bekannt für seine zerklüftete Felsküste und raue Landschaft mit Bergen und Seen. Es ist der einzige Nationalpark in Neuengland und gehört mit jährlich mehr als 3,5 Millionen Besuchern zu den zehn meistbesuchten Nationalparks in den USA.

Hier auf *Mt. Desert Island* befindet sich der größte Teil des insgesamt 192 km² großen Parks, zu dem auch noch kleinere Gebiete auf der Insel *Isle au Haut*, der Halbinsel *Schoodic Peninsula* und auf vielen kleineren Inseln gehören.

Einige der Superreichen, die in Bar Harbor ihre Sommerresidenzen hatten, wollten die Natur unbedingt schützen und begannen daher ab 1901 Land aufzukaufen. 1916 wurde dann der Park gegründet und dem Staat geschenkt; 1929 wurde er offiziell zum *Acadia-Nationalpark* erklärt.

Wir folgen der *Park Loop Road*, die mit 43,5 Kilometern Länge durch den gesamten Park führt und es so möglich macht, alle Attraktionen wie z.B. die zahlreichen Seen, Berge und die raue Küste zu erreichen. Unsere erste Station ist der *Paradise Hill Overlook*. Von dort haben wir einen tollen Blick auf die kleinen vorgelagerten Inseln, zwischen denen gerade ein großes Kreuzfahrtschiff seine Bahn zieht. Auch Bar Harbor ist von hier oben gut zu sehen.

Vorgelagerte Inseln

Nachdem wir diesen Ausblick eine Weile genossen haben setzen wir unsere Tour fort und gelangen zum ersten großen Highlight des Parks, der *Sieur de Monts*, ein Gebiet, das oft als „Herz von Acadia" bezeichnet wird. Es umfasst die *Sieur de Monts Quelle*, das *Nature Center*, die *Wild Gardens of Acadia* und das *Abbe Museum*. Hier können die Besucher die Natur- und

Kulturgeschichte von Acadia durch Exponate und Ranger-Programme lernen. Wanderwege in verschiedenen Längen und Schwierigkeitsgraden bieten zahlreiche Möglichkeiten, Wildtiere in freier Natur zu beobachten; Kletterer erreichen von hier aus auch verschiedene Berggipfel.

Wir entscheiden uns zunächst für einen kurzen Rundgang durch das *Nature Center*. Dabei handelt es sich um eines der Besucherzentren des Parks, das neben den üblichen Informationen verschiedene Exponate zur „Wissenschaft hinter der Landschaft" von Acadia bereithält. Dies ist tatsächlich interessant, wir erfahren einiges über die Arbeit der Parkbiologen und Forscher, die bemüht sind, die Parkressourcen zu schützen. Ein großes 3D-Modell des Parks gibt uns zudem einen Überblick über das, was uns auf dem weiteren Weg erwartet.

Wieder draußen vor der Tür wirkt die Parkanlage der *Wild Gardens* sehr anziehend auf uns. Spontan entscheiden wir uns für einen Spaziergang.

In den *Wild Gardens* wird die Vegetation fast aller Lebensräume des Parks gebündelt präsentiert, von Berggipfeln über frische Wiesen und Uferzugänge bis hin zu Mooren und Wäldern. Außerdem sind hier die meisten der einheimischen Pflanzen zu sehen.

Wir stellen bei unserem Spaziergang fest, dass alle Pflanzen gekennzeichnet und nach ihrem Lebensraum gruppiert sind. Somit ist ein Bummel durch den Park nicht nur entspannend, sondern auch lehrreich. Außerdem empfinden wir es bei dem auch heute wieder sonnig-heißen Wetter als wohltuend, im Schatten der Bäume zu schlendern.

In den Wild Gardens

Um möglichst viel vom Park zu sehen bekommen, müssen wir uns alsbald von dieser Oase losreißen. So folgen wir wieder dem Rundweg und kommen zum Aussichtspunkt über den *Sand Beach*, der nicht nur heute von vielen Badegästen frequentiert wird. Die hier vorhandenen Parkplätze sind alle belegt, selbst am Straßenrand stehen die geparkten Autos eng hintereinander. Wir rollen langsam auf der Straße, in der Hoffnung, doch noch irgendwo eine Lücke zu finden, was uns in einiger Entfernung zum Strand dann schließlich gelingt.

Selbst die Kennschilder der hier parkenden Autos machen Urlaubslaune

Zum Glück sind wir inzwischen gut trainierte Läufer bzw. Spaziergänger, so dass wir die geschätzt ungefähr 900 Meter zurück zum Strandzugang recht schnell zurücklegen. Der Strand liegt in einer Bucht. Um von der Straße dorthin zu gelangen, müssen wir einige Meter bergab durch den Wald zurücklegen.

Doch der Weg lohnt sich, wie wir bei Ankunft am Wasser feststellen.

Zwar gehen wir mangels Badekleidung nur bis maximal zu den Waden in das angenehm kühle Atlantikwasser, doch auch das ist bereits eine willkommene Erfrischung.

Wir lassen uns für eine Weile im Sand nieder, genießen die Sonne und frönen dem ‚Leute gucken'.

Die Badebucht

Bevor es Zeit wird, unsere Exkursion des Nationalparks fortzusetzen, machen wir noch einen Stopp an den Waschräumen des Strandbads. Angesichts des hier herrschenden großen Andrangs zieht sich das etwas in die Länge. Dann geht es zurück zum Auto und mit diesem auf weitere Erkundungstour.

Dieses Mal dauert unsere Fahrt nur wenige Minuten, denn wir haben das *Thunder Hole* erreicht.

Thunder Hole

Der Name ,Donnerloch' ist wohl zutreffend. Hier befindet sich eine schroffe Felsformation, zwischen den Felsen hat sich eine Spalte gebildet. Hier wird die ankommende Welle mit voller Wucht gegen die Felsen gedrückt. Hat die Welle die richtige Größe und Kraft, wird ein Donnergeräusch erzeugt und das Wasser kann bis zu 30 Meter hoch spritzen.

Wir bekommen zumindest einen kleinen Eindruck davon, wie dies sein könnte. Leider hat das Wasser heute nicht die richtige Energie, um uns diesen Effekt in vollem Umfang zu demonstrieren. Doch selbst das, was uns und den vielen anderen Touristen, die den zum Meer hinführenden Steg und die umliegenden Felsen bevölkern, von der Natur geboten wird, kann sich sehen lassen.

Wilde Natur

Wir wollen natürlich mehr von diesem Nationalpark sehen und fahren weitere 11 Kilometer auf der *Park Loop Road*, dann sind wir am *Otter Point*. Das *Otter Cliff* ist mit knapp 34 Metern eine der höchsten atlantischen Küstenlandzungen nördlich von Rio de Janeiro.

Besonders auffällig sind hier neben der Landzunge selbst die unzähligen vom Wasser über wohl Jahrtausende hinweg vom Fels abgeschlagenen und rundgespülten Gesteinsbrocken.

Am Otter Point

Auch an dieser Stelle soll an manchen Tagen, wenn die Bedingungen zusammenpassen, das Wasser zig Meter hoch spritzen. Leider warten wir vergeblich darauf, doch schon das Panorama, das sich hier bietet, ist sehenswert.

Allerdings müssen wir uns bald auch davon losreißen, um die noch ausstehenden Attraktionen ansteuern zu können.

So finden wir uns schließlich an einer Abzweigung nach links wieder, an der ein Schild auf den *Jordan Pond* verweist. Wir folgen der schmalen Straße, die in einer Wendeschleife endet, in der Hoffnung auf einen Parkplatz. Da alle Plätze besetzt sind, fahren wir zurück und erkennen rechts die Einfahrt zu einem großen Parkplatz. Doch auch dort haben wir kein Glück. Enttäuscht fahren wir wieder in Richtung Hauptstraße, als kurz vor uns ein Fahrzeug aus der Parklücke am Straßenrand fährt. Nun gehört diese uns - man muss auch mal Glück haben.

Wir laufen die Strecke zurück zur Wendeschleife, von wo ein Waldweg hinunter zum Ufer des *Jordan Pond* führt. Dies ist ein Gletschersee mit einer Wassertiefe von bis zu 46 Metern und steilen Felshängen, aber auch sanften Hügeln an den Ufern. Das Wasser ist außergewöhnlich klar mit einer durchschnittlichen Sichttiefe von 14 Metern.

Mir kommt die Phrase vom ,herrlichen Fleckchen Erde' in den Sinn, als wir am Ufer stehen und aufs Wasser blicken. Trotz des überfüllten Parkplatzes sind wir fast allein hier und es ist wunderbar ruhig. Das mag daran liegen, dass hier sowohl Schwimmen als auch alle anderen Wassersportarten außer Kanu- oder Kajakfahren verboten sind.

Der Jordan Pond

Zweifellos ließe es sich hier noch viel länger aushalten, doch nach einer erholsamen Ruhepause von gut 20 Minuten bummeln wir zum Auto und fahren zurück auf den Rundweg.

Nach einer längeren Fahrt erblicken wir vor uns ein Hinweisschild, das diesmal nach rechts weist - und uns so die Richtung angibt, um zu einem weiteren Highlight des Nationalparks zu gelangen: *Cadillac Mountain*.

Schon auf den ersten Metern der Zufahrtstraße zum mit 466 Metern höchsten Punkt der Insel beginne ich zu schwitzen. Die 6 Kilometer lange Straße ist eng und windet sich in Serpentinen und teils engen Kurven den Berg hinauf, an manchen Stellen sogar ohne hinreichende Sicherung zur abschüssigen Bergseite hin. Für mich und meine Höhenangst ein Alptraum. Da ist es auch nicht sehr hilfreich, dass ich heute am Steuer unseres Wagens sitze und mich mit aller Kraft nur auf die Fahrbahn und den langsam fließenden Verkehr zu konzentrieren versuche.

Schließlich erreichen wir doch - lebend - das Ende dieser Straße, die in einen großen Parkplatz auf dem Gipfel des *Cadillac Mountain* mündet. Nach einem freien Parkplatz müssen wir hier nicht lange suchen.

Wir sind überrascht, wie groß dieses Plateau auf dem Berggipfel ist. Es wird behauptet, dies sei der Punkt in den USA, den die Strahlen der aufgehenden Sonne als erstes treffen. Das erklärt, warum es so beliebt ist, zu Sonnenaufgang hierher zu kommen. Uns ist allerdings auch der inzwischen angebrochene Nachmittag recht.

Auf dem Cadillac Mountain

Vom Parkplatz aus kann man auf dem Plateau in alle Richtungen gehen, es gibt Pfade und Wege, aber viele Besucher laufen auch abseits davon über die Steine und teils spärlich wachsenden Grasflächen.

Die Aussicht von hier oben ist ausgezeichnet; viele kleine Inseln liegen wie grüne Tupfen im Meer, dazwischen das weiße Kreuzfahrtschiff, das irgendwie viel zu groß für die zum Teil sehr schmal wirkenden Durchlässe zwischen den Inseln erscheint.

Blick hinunter vom Berg

Um den Ausblick möglichst von allen Seiten genießen zu können, spazieren wir quasi einmal um den Parkplatz. Dabei stört auch der teils frisch wehende Wind überhaupt nicht. Im Gegenteil, er bringt etwas Abkühlung und verringert das Gefühl von auf der Haut brennender Sonne, die noch immer intensiv vom blauen Himmel strahlt.

Doch so überragend die Aussicht von hier oben auch ist, irgendwann haben wir alles gesehen. Außerdem liegen noch gut zwei Stunden Fahrt nach Freeport, der nächsten Station auf unserer Reise, vor uns.

So gehen wir zurück zum Wagen und mir wird schon wieder leicht mulmig bei dem Gedanken an die Rückfahrt über die Bergstraße. Daher rauche ich noch eine Zigarette zur Beruhigung, aber dann geht es los. Zum Glück bewahrheitet sich auch diesmal die Redensart ‚zurück geht's immer schneller' und schon bald erreichen wir wohlbehalten die Einmündung zur *Park Loop Road*. Auf dieser und den angrenzenden Straßen geht's dann wieder bis zum *Hulls Cove Visitor Center*, wo wir noch eine kurze Pause einlegen, um die Waschräume aufzusuchen.

Anschließend wird das Navi auf unser heutiges Etappenziel programmiert, das *Best Western Hotel* in Freeport/Maine. Für die knapp 190 Kilometer werden wir gut zwei Stunden Fahrzeit benötigen. Also los...

Zunächst geht es von der Insel zurück, dann durch Ellsworth hindurch auf der US 1 Richtung Westen, ab Belfast dann weiter Richtung Süden auf der 131, die in Waldoboro wieder auf die US 1 trifft, über die wir schließlich südwärts bis Freeport fahren.

Alternativ wäre es auch möglich, über die Interstate 95 zu fahren, doch der Zeitbedarf wäre ähnlich. Daher haben wir uns für die landschaftlich schönere Strecke entschieden. Diese führt durch typische amerikanische Kleinstädte, umgeben von viel unbebauten Gebieten mit Wäldern, Feldern und Wiesen. Entsprechend unspektakulär verläuft auch unsere Fahrt, die schließlich in der Abenddämmerung in Freeport endet.

Freeport ist eine Stadt mit ungefähr 8.000 Einwohnern an der Küste der *Casco Bay*.

Die Gründung der Stadt fand um 1700 herum statt, damals noch als Teil anderer Orte. Als Stadt Freeport eigenständig wurde die Gemeinde 1789. In den USA ist Freeport heute bekannt als

Standort für zahlreiche Outlet Stores, ähnlich Bad Münstereifel in Deutschland.

Unser Hotel, das *Best Western Freeport Inn*, liegt etwas außerhalb südlich der Stadt. Es geht einen kleinen Hügel hinauf, die Rezeption befindet sich in einem kleinen Nebengebäude vor dem eigentlichen Hotel. Alles macht einen netten, gepflegten Eindruck.

Wir treten an die Rezeption und legen unsere Voucher vor. Die Mitarbeiterin prüft unsere Reservierung und teilt uns mit, dass wir nicht in diesem Hotel wohnen werden, sondern in einem anderen Gebäude, das sich ca. 1 Kilometer weiter die Straße hinunter befindet und dem *Best Western* als Dependance dient. Wir erhalten die Keycards für unsere Zimmer, dann fahren wir die kurze Strecke bis zum angegebenen Motelgebäude.

Zum Glück hatte die Dame uns gesagt, dass die Zufahrt zu dem Motel über den Hof eines an der Hauptstraße liegenden Restaurants führt, sonst hätten wir wahrscheinlich sehr lange nach unserer Unterkunft suchen müssen. So aber kommen wir nach nur wenigen Minuten dort an.

Wir parken den Wagen, nehmen das Handgepäck mit und machen uns auf den Weg zu unseren Zimmern, die sich im Erdgeschoss befinden. Personal oder andere Gäste sehen wir nicht, obwohl ein paar Fahrzeuge auf dem Parkplatz stehen. Wir haben das Gefühl, als seien wir mutterseelenallein in diesem abseits der Straße stehenden, von hohen Bäumen und Büschen umgebenen Motel. In meinem Kopf tauchen augenblicklich Bilder von Duschvorhängen, Messern und auch von einem irre blickenden Jack Nicholson auf...

Doch die Zimmer machen einen guten Eindruck, sie sind geräumig und die Ausstattung mit Bade- und Handtüchern stimmt auch. Wir bringen unsere Koffer hinein, nehmen die wichtigsten Dinge an uns und machen uns auf den Weg hinein in den Ort, da wir alle starken Hunger verspüren. Inzwischen ist es dunkel geworden. Auf einem großen Parkplatz an der Mill Street mitten in der Stadt findet sich ein Stellplatz; von dort wenden wir uns nach links, wo eine Treppe hinauf in ein Outlet Center führt, wo mehrere namhafte Hersteller, darunter z.B. Nike und Old Navy, ihre Waren anbieten. In ein, zwei Geschäfte gehen wir kurz hinein und schauen uns um, bei den meisten anderen betrachten wir lediglich die Auslagen in den Schaufenstern.

Auf der Suche nach dem Abendessen kommen wir schon fast wieder zum Ausgang des weitläufigen Areals, da sehen wir die erhoffte Leuchtreklame: *Johnny Rockets*, eine Burgerkette mit einem Ambiente im Stil der 50er Jahre; das Essen ist erfahrungsgemäß gut, lecker und reichlich.

Immer wieder lecker...

An der Eingangstür stellen wir überrascht fest, wie gut es war, dass wir uns wegen unseres ausgeprägten Hungers nur kurz in den Geschäften umgesehen haben: Diese Filiale schließt um 21 Uhr! Damit haben wir wirklich nicht gerechnet. Ein Blick auf die Uhr verrät uns, dass es bereits 20:30 Uhr ist... also höchste Zeit.

Wir betreten das Lokal und ein netter Kellner weist uns einen Tisch zu. Auf unsere Frage, ob wir überhaupt noch etwas zu essen bekämen, beruhigt er uns. Wer vor 21 Uhr da ist, wird auch bedient und darf in Ruhe zu Ende essen.

Entsprechend entspannt geben wir unsere Bestellung auf, die auch bald darauf von unserem Kellner gebracht wird. Das Essen ist wie erwartet gut und wir genießen es.

Als wir um 21:30 Uhr als letzte Gäste das Lokal verlassen, wird hinter uns die Tür abgeschlossen. So etwas haben wir auf all unseren bisherigen Reisen in die USA noch nicht erlebt.

Beim Rückweg zum Parkplatz stellen wir fest, dass auch alle Geschäfte bereits geschlossen haben. Folglich beschränken wir unseren Verdauungsspaziergang auf einen Bummel die Straße hinauf und hinunter, dann geht's zum Auto und wir fahren zurück zum Hotel.

Als wir schließlich auf den Zimmern sind machen wir die Erfahrung, dass wir dem ersten Blick vom frühen Abend besser einen zweiten sofort hätten folgen lassen sollen. Beim Aufschlagen der Bettdecke in einem der beiden Zimmer ist das, was wir zu sehen bekommen, leider gar nicht erfreulich... auf dem Laken befinden sich eindeutig Haare von Vorbewohnern sowie unüberseh- und undefinierbare Flecken.

Hätten wir das gleich bei der Ankunft bemerkt, hätten wir bei der Fahrt in die Stadt an der Rezeption anhalten und zur sofortigen Behebung auffordern können. Jetzt dort anzurufen erscheint uns sinnlos. Da kein Personal vor Ort ist, würde es wahrscheinlich ewig dauern, bis jemand käme, um die Wäsche zu wechseln.

Also gibt es in dieser Nacht eine Premiere: Das Bett wir mit Handtüchern ausgelegt, es werden die Jogginghose und ein Hoodie angezogen - und dann Augen zu und durch.

21. Tag: Freeport - Boston

Nach einer gar nicht erholsamen Nacht beeilen wir uns am frühen Morgen mit der üblichen Routine. So haben wir schon früh das Auto beladen und sind bereit zur Abfahrt. Die erste Anlaufstelle ist dann die Rezeption, wo wir auschecken und uns über die schmutzige Bettwäsche beschweren wollen.

An diesem Morgen hat eine andere Mitarbeiterin Dienst; wir geben unsere Keycards ab und äußern unsere Beschwerde. Die Dame an der Rezeption bespricht das mit einem in diesem Moment hereinkommenden Kollegen, greift zum Telefon und ruft offensichtlich jemanden von dem für die Dependance zuständigen Personal an. Anschließend diskutiert sie mit dem Kollegen und erklärt uns, wir bekämen eine Preisreduzierung für das betreffende Zimmer. Sie tippt an ihrem Computer herum. Dann präsentiert sie uns die reduzierte Rechnung und erklärt, sie habe den Betrag der am Vorabend hinterlegten Kreditkartennummer belastet.

Wir erklären der Dame umgehend, dass die Zimmer bereits vorab bezahlt waren und wir die Voucher am Abend zuvor ihrer Kollegin übergeben hätten. Sie bestätigt, dass die Voucher vorhanden sind, behauptet jedoch, dass dies lediglich Belege seien, die erklären, dass eine Reservierung vorliegt. Daraufhin beginnt eine längere Diskussion, in der wir leider auch etwas lauter werden müssen, um deutlich zu machen, dass wir keinesfalls bereit seien, für die Zimmer doppelt zu bezahlen.

Wir präsentieren unsere Doppel der Voucher, die eindeutig belegen, dass damit Zimmer bezahlt sind. Erst als wir darauf bestehen, dass sie uns eine Telefonverbindung mit dem zuständigen US-Veranstalter herstellt, mischt sich der Kollege ein und erklärt der Dame, wir seien im Recht und sie hätte mit ihrem Vorgehen den Preis doppelt kassiert. Er übernimmt nun den Computer und macht die Belastung der Kreditkarte rückgängig. Dann ist noch die Sache mit der Preisreduzierung zu klären. Er sagt zu, dies mit der Agentur zu klären, so dass wir einen Teil des vorbezahlten Preises rückerstattet bekämen.

Ziemlich verärgert und immer noch sehr skeptisch, ob das wirklich so funktionieren wird, verlassen wir die Rezeption. (Erst später zuhause stellen wir fest, dass er tatsächlich alles korrekt erledigt hat.)

Nun können wir aber an der Situation nichts ändern, daher beschließen wir, bei einem leckeren Frühstück mit gutem Kaffee den morgendlichen Ärger hinunterzuspülen.

Unmittelbar am Ortseingang von Freeport steht ein Einkaufszentrum, in dem sich eine Filiale von *Dunkin' Donuts* befindet - ideal als Ersatz für unseren kanadischen Lieblingsbäcker.

Als wir dort ankommen herrscht bereits recht viel Betrieb und wir müssen uns etwas gedulden, um an das heiße, dunkle, belebende Gebräu und das schmackhafte Süßgebäck zu kommen.

Kurz darauf sind wir gestärkt und unser Ärger über die Probleme im Hotel verblasst; so brechen wir auf, die Stadt und die vielen Outlet Shops zu erkunden.

Diese Erkundung der Shops kommt einem Stadtbummel gleich, denn es gibt sowohl das Center mit vielen Shops als auch zahlreiche Einzelgeschäfte entlang der Haupt- und einiger Seitenstraßen. Die Stadt Freeport selbst wirbt im Internet (übersetzt) wie folgt:

„Freeport ist die Heimat des legendären Outdoor-Ausstatters L.L.Bean, und unsere charmante Innenstadt ist mit nationalen Outlets und lokalen Boutiquen gefüllt. Vergessen Sie nicht, die Seitenstraßen von Freeport und die US Route 1 zu erkunden, um unsere versteckten Juwelen zu finden. Unsere lokalen Boutiquen sind der perfekte Ort, um die einzigartigen Kunstwerke, Schmuck, Accessoires, Wohnkultur oder Kleidungsstücke zu finden, die Sie gesucht haben."

Entsprechend zieht sich unser Aufenthalt zeitlich in die Länge, aber am Ende stellen wir fest, dass es sich gelohnt hat. Unsere Einkäufe können sich durchaus sehen lassen. Doch erst einmal verschwinden sie beim restlichen Gepäck im Wagen.

Vom Parkplatz an der Mill Street bis zur I-95 S ist es nur ein Katzensprung, dann befinden wir uns auf der letzten Etappe unserer Rundreise. Vor uns liegen noch 216 Kilometer bis zu unserem letzten Ziel, einer Wohnung in der Lafield Street in Boston. Als reine Fahrzeit benennt uns das Navi gut zwei Stunden. Wir gehen davon aus, dass wir am frühen Abend an unserem Ziel ankommen werden, abhängig davon, ob wir unterwegs noch einen Stopp einlegen.

Auch in Boston hatten wir bei der Vorbereitung und Buchung unserer Reise das Problem, dass für den Zeitraum unseres Aufenthaltes keine günstigen Zimmer verfügbar waren. Somit erwies sich die Anmietung einer Wohnung als beste Alternative. Daher freuen wir uns jetzt nicht nur auf die Erkundung einer weiteren geschichtsträchtigen Stadt, sondern auch auf die Erfahrung, wie die „normalen" Bürger einer amerikanischen Großstadt leben.

Die Fahrt südwärts über die Interstate verläuft unspektakulär. Erwähnenswert wäre, dass wir auf der Strecke zwei Staatsgrenzen überqueren. Die Grenze zwischen Maine und New Hampshire verläuft in der Mitte des *Piscataqua River* bei Portsmouth, die Staatsgrenze zwischen New Hampshire und Massachusetts passieren wir hinter Seabrook. Außerdem legen wir an einer Rest Area eine etwas längere Kaffee- und Raucherpause ein.

Als wir uns Boston zur Feierabendzeit nähern, wird der Verkehr immer dichter und es geht bisweilen nur im Schritttempo voran. Die Route zu unserem Ziel führt mitten durch die Stadt. Das Navi kündigt an, dass wir von der I-95 auf die I-93 wechseln müssen und wir folgen natürlich den Anweisungen. Dieser Weg führt über die *Leonard P. Zakim Bunker Hill Memorial Bridge*, eine Brücke, die zwischen 1997 und 2002 gebaut wurde.

Sie überspannt den Charles River und ist mit insgesamt 10 Fahrspuren und einer Breite von 56 Metern eine der breitesten Schrägseilbrücken der Welt. Die Länge beträgt 436,5 Meter. Der etwas holprige lange Name entstand, da die Brücke nach dem Bostoner Bürgerrechtsaktivisten Leonard P. Zakim und der Schlacht von *Bunker Hill* benannt ist.

Zu spät bemerken wir, dass die Brücke mautpflichtig ist, wir haben aber auch keine Möglichkeit mehr, eine Alternativstrecke zu wählen. So fahren wir über die imposante Brücke in dem Bewusstsein, irgendwann, wenn wir schon längst wieder zuhause sein werden, eine Strafzahlungsaufforderung von der Leihwagenfirma zu erhalten.

Leonard P. Zakim Bunker Hill Memorial Bridge

An der Abfahrt 15 verlassen wir die I-93 und fahren über den Morrissey Blvd weiter Richtung Süden, bis wir schließlich über einige enge Wohnstraßen an unserem Ziel ankommen.

Wir parken den Wagen am Straßenrand und gehen zunächst ohne Gepäck zur Haustür, wo der Schlüssel sicher hinterlegt ist.

Ganz offensichtlich befinden wir uns in einem typischen Vorstadt-Wohnviertel.

Fast alle Häuser hier sind in Holzbauweise mit meist zwei Etagen errichtet. Manche könnten vielleicht etwas Fassadenfarbe gebrauchen, aber insgesamt macht die Gegend keinen schlechten Eindruck.

Und das trifft auch auf die Wohnung zu, die für die kommenden zwei Tage unser Zuhause sein wird. Wir finden ein geräumiges Wohnzimmer, drei Schlafräume, ein großes Bad und eine gemütliche Küche mit Essplatz vor.

Das Haus in der Lafield Street

Nach der kurzen Erkundung holen wir unser gesamtes Gepäck herein. Dabei stellen wir fest, dass dies trotz der Tatsache, dass wir unterwegs alte Kleidung entsorgt haben, doch um einiges angewachsen ist. Da gilt es, klug zu packen, um die zulässige Gewichtsgrenze für den Flug nicht zu überschreiten...

Im Augenblick jedoch drängt es uns danach, uns zu erfrischen und ein wenig auszuruhen. Dabei beratschlagen wir, was wir an diesem Abend eventuell noch unternehmen, vor allem aber, was wir zu Abend essen könnten. Da wir uns in einer reinen Wohngegend befinden befragen wir das Internet nach Schnellrestaurants in der Umgebung.

Da keines in fußläufiger Nähe zu unserer Wohnung ist, fahren wir mit dem Wagen zum nächstangegebenen Burgerbrater. Als wir diesen gesättigt wieder verlassen ist es bereits dunkel. So entscheiden wir uns, zur Unterkunft zurückzufahren und den restlichen Abend gut bürgerlich im ‚heimischen' Wohnzimmer zu verbringen. Dabei planen wir dann den nächsten Tag.

22. Tag: Boston

Boston ist die größte Stadt in Neuengland und Hauptstadt des Bundesstaates Massachusetts. Laut Reiseführer ist sie eine der ältesten, wohlhabendsten und kulturell reichsten Städte der USA. Harvard und Cambridge sind weltberühmte Universitäten, das *Boston Symphony Orchestra* ist weltbekannt. In der Stadt selbst leben ungefähr 620.000 Menschen, die Einwohnerzahl des Großraums Boston beträgt mehr als 4,5 Millionen.

Boston spielt neben Philadelphia in der US-amerikanischen Geschichte eine zentrale Rolle. Die *Boston Tea Party* vom 16. Dezember 1773, als gegen eine Erhöhung der Teesteuer durch das britische Parlament protestiert wurde, wurde zum Auslöser des Unabhängigkeitskrieges gegen die Engländer.

Zahlreiche historisch bedeutsame Stätten, die entweder im Unabhängigkeitskrieg oder vor bzw. während des Bürgerkrieges eine wichtige Rolle spielten, sind erhalten geblieben oder wurden restauriert. Natürlich wollen wir unseren Aufenthalt in dieser Stadt nutzen, uns möglichst viele davon anzusehen.

Dafür haben wir heute den ganzen Tag Zeit, aber zuvor gibt es Frühstück am Küchentisch. Während zwei von uns zu einem nahegelegenen Donut-Laden fahren und einige Leckereien besorgen, decken die anderen den Tisch und kochen Kaffee.

Bevor es dann aber zu gemütlich wird, heben wir die Frühstücksrunde auf und machen uns zu Fuß auf den Weg zur nicht allzu weit entfernten U-Bahn-Station *Fields Corner*, von wo wir mit der *Red Line* direkt ins Stadtzentrum fahren können.

Wir ziehen uns die notwendigen (Tages-)Tickets am Automaten und haben zudem das Glück, dass wir nicht allzu lange auf den Zug warten müssen. Dieser bringt uns in knapp 20 Minuten bis zur Station *Park Street* unmittelbar am Park *Boston Common*.

Als wir aus den Tiefen der U-Bahn-Station ans Tageslicht kommen finden wir uns inmitten eines großen Touristentrubels wieder. Um uns zu orientieren und mit Infomaterial zu versorgen, wenden wir uns zuerst der am Rand des Parks befindlichen Touristinfo zu. Doch es ist gar nicht so leicht, in das kleine Gebäude hineinzukommen, so groß ist der Andrang dort. Also teilen wir uns auf; während die einen die Informationen beschaffen, warten die anderen draußen und schauen dem Treiben der in historische Kostüme gekleideten Fremdenführer und ihrer Touristengruppen zu.

Als unsere Gruppe wieder vollzählig ist, suchen wir uns ein ruhiges Plätzchen, um den weiteren Tagesplan festzulegen.

Da das *State House*, das Parlamentsgebäude von Massachusetts, direkt an den Park grenzt, liegt es nahe, dorthin zuerst zu gehen, bevor wir dem *Freedom Trail*, der sich durch große Bereiche der Stadt zieht, folgen wollen.

Das *Massachusetts State House* ist der Regierungssitz des *Commonwealth of Massachusetts*. Es wurde 1798 fertiggestellt und steht auf dem höchsten Punkt des *Beacon Hill* auf einem 27.000 m² großen Grundstück.

1895 erhielt das ursprüngliche Gebäude einen großen Anbau, 1917 wurden der Ost- und der Westflügel vervollständigt. Die markante große Kuppel ist mit 23-karätigem Blattgold überzogen.

Im *State House* befinden sich die Büros des Gouverneurs sowie die Plenarsäle des Senats und des Repräsentantenhauses von Massachusetts.

Das Massachusetts State House

Während wir das Gebäude von außen auf Foto bannen fällt uns eine Tafel ins Auge, die darauf hinweist, dass Besichtigungen möglich sind und sich der Eingang für Besucher im Nebengebäude befindet. Da müssen wir nicht lange nachdenken...

Die Sicherheitskontrolle haben wir schnell hinter uns gebracht. Wir müssen uns auch keiner Führung anschließen, Besucher können sich vollkommen frei im Gebäude bewegen.

Wir beginnen unseren Rundgang in der *Great Hall*, einem großen hellen Raum mit Glasdach und Marmorfußboden. An den Wänden hängen korrekt aufgereiht insgesamt 351 Flaggen aller Städte und Orte in Massachusetts.

Die Great Hall

Anschließend geht es in die *Doric Hall*, dem großen Raum direkt unterhalb der Kuppel. Daran schließt sich die *Nurses Hall* an, benannt nach der Statue einer Krankenschwester, die einen gefallenen Soldaten im Bürgerkrieg betrauert. In der runden *Memorial Hall* schließlich, auch bekannt als *Hall of Flags*, werden die Soldaten aus Massachusetts dadurch geehrt, dass einige der zerfetzten Flaggen ausgestellt werden, die von ihnen im Lauf der Geschichte in verschiedene Schlachten getragen wurden.

Die Kuppel der Doric Hall

Wir nehmen die Treppe ins Obergeschoss, wo sich beide Parlamentskammern befinden. Auch hier haben wir freien Zugang, allerdings besteht ein Ordner darauf, dass unser Junior sein Basecap vom Kopf nimmt.

In der Senatskammer befindet sich, integriert in die Haltestange eines prachtvollen Kronleuchters und für uns höchst kurios, die *Heilige Makrele*, eine Skulptur aus Messing.

Die Heilige Makrele am Kronleuchter

Dies wird aber getoppt vom Versammlungssaal des Repräsentantenhauses, denn hier residiert der *Heilige Kabeljau*. Die gut

1,5 Meter lange massive Holzschnitzerei hängt unter der Decke dieses Saales.

Beide Fische sollen an die große Bedeutung der Fischereiindustrie für die Wirtschaft und Kultur des *Commonwealth of Massachusetts* erinnern.

Unser Rundgang durch das Gebäude ist wirklich interessant, insbesondere in dem Moment, als wir auf eine Gruppe von Demonstranten treffen, die sich mit Plakaten in den Händen vor einem Beratungszimmer versammelt hat.

Da wir uns in einiger Entfernung dazu aufhalten, können wir leider nicht erkennen, was auf den Plakaten steht. Aber aus dem Protestlied, das sie dann gemeinsam anstimmen, meinen wir herauszuhören, dass es wohl um irgendwelche wasserschutzrechtlichen Dinge geht. Es überrascht uns sehr positiv, dass man diese Gruppe gewähren lässt.

Im Takt des schwungvollen Protestsongs gehen wir die Treppe hinunter und zum Fahrstuhl ins Tiefgeschoss, wo sich der Ausgang befindet... und, wie wir einem Hinweisschild entnehmen, auch ein richtiges Postamt. Da müssen wir hin.

Der nette Mitarbeiter in dem kleinen Verkaufsraum kann uns leider nur die Marken zum Kauf präsentieren, die wir bereits erworben haben. Doch er bietet uns an, einen Umschlag zu frankieren und diesen dann mit dem Poststempel des *State House* zu versehen.

Das Angebot nehmen wir natürlich gerne an.

Mit herzlichem Dank und gegenseitigen guten Wünschen verabschieden wir uns. Bevor wir jedoch wieder hinaustreten in die Sommerhitze, müssen wir unbedingt noch den edlen Briefkasten fotografieren, der hier darauf wartet, mit Post gefüllt zu werden.

Schmucker Briefkasten

Mit Unterstützung der Übersichtskarte, die wir uns zuvor be-
schafft haben, begeben wir uns nun auf den *Freedom Trail*, den
etwa vier Kilometer langen ‚Freiheitspfad", an dem siebzehn

historische Sehenswürdigkeiten liegen. Zwar ist dieser Weg mit einer durchgehenden Linie aus roten Ziegelsteinen auf dem Boden markiert, doch die Karte gibt zu jeder Station die notwendigen Erläuterungen.

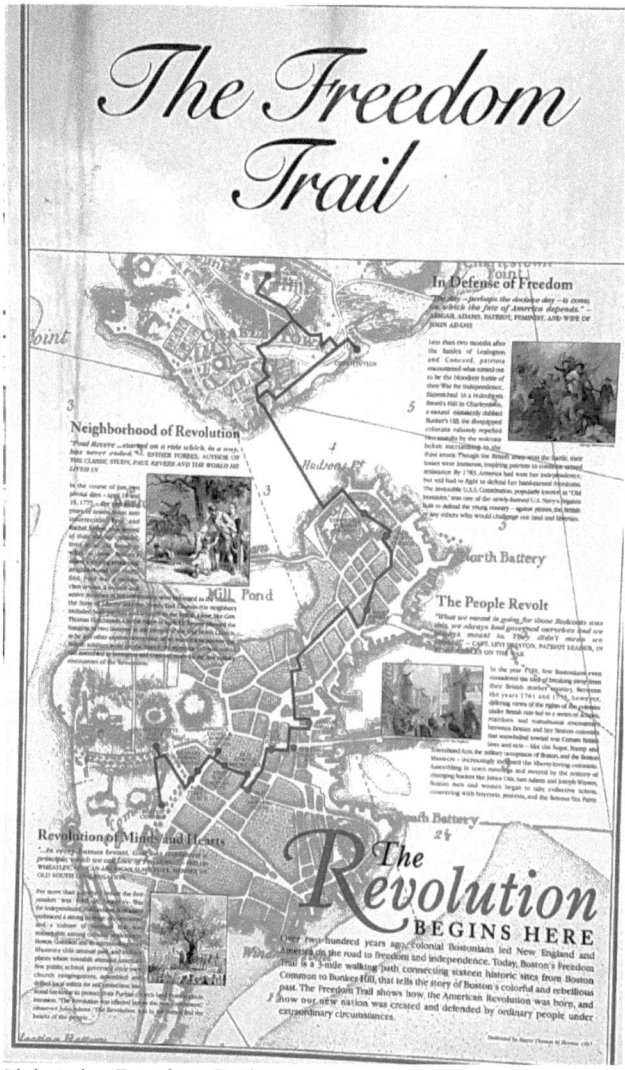

Plakat des Freedom Trails

Der Trail startet hier an unserem Standort, *Boston Common*, führt dann durch die Innenstadt und schließlich über den Charles River nach Charlestown. Dort endet er am *Bunker Hill Monument*.

Bodenplakette des Freedom Trail

Da wir den Spaziergang durch *Boston Common* und die Besichtigung des *State House* schon hinter uns gebracht haben, stehen wir somit vor der 3. Station des Trails, der *Park Street Church*, die unmittelbar neben dem Park ihren 66 Meter hohen weißen Turm in den blauen Himmel reckt.

Sie wurde 1809 erbaut. 1826 wurde Edward Beecher, Bruder von Harriet Beecher Stowe (Autorin von *Onkel Toms Hütte*) und angesehener Abolitionist, Pastor der Gemeinde. Am 4. Juli 1829 hielt William Lloyd Garrison mit seiner *Address to the Colonization Society* in der Kirche seine erste öffentliche Rede gegen die Sklaverei.

Die Park Street Church

Wir folgen der roten Linie und befinden uns nur wenige Schritte weiter am *Granary Burying Ground.* Hierbei handelt es sich um den drittältesten Friedhof von Boston; er wurde nachweislich 1660 angelegt.

An einigen der Gräber stehen große Touristengruppen, es finden teils laute Unterhaltungen mit viel Gelächter statt, Kinder spielen fangen. Das alles zeugt leider von einer gewissen Pietätlosigkeit und wir versuchen, uns abseits dieser Gruppen über den geschichtsträchtigen Boden zu bewegen. Hier wurden viele bekannte Persönlichkeiten begraben, darunter einige wichtige Kämpfer des Unabhängigkeitskrieges, Samuel Adams und zwei weitere Unterzeichner der Unabhängigkeitserklärung, Paul Revere sowie fünf Opfer des Massakers von Boston. Laut offizieller Zählung gibt es 2.345 Gräber, Historiker nehmen jedoch an, dass sicherlich 5.000 Personen hier begraben wurden.

Der Grabstein von Paul Revere

Wir bummeln auf der Tremont Street bis zur School Street. Hier befindet sich die nächste Station des Freedom Trail, die *King's Chapel* mit dem zugehörigen Friedhof.

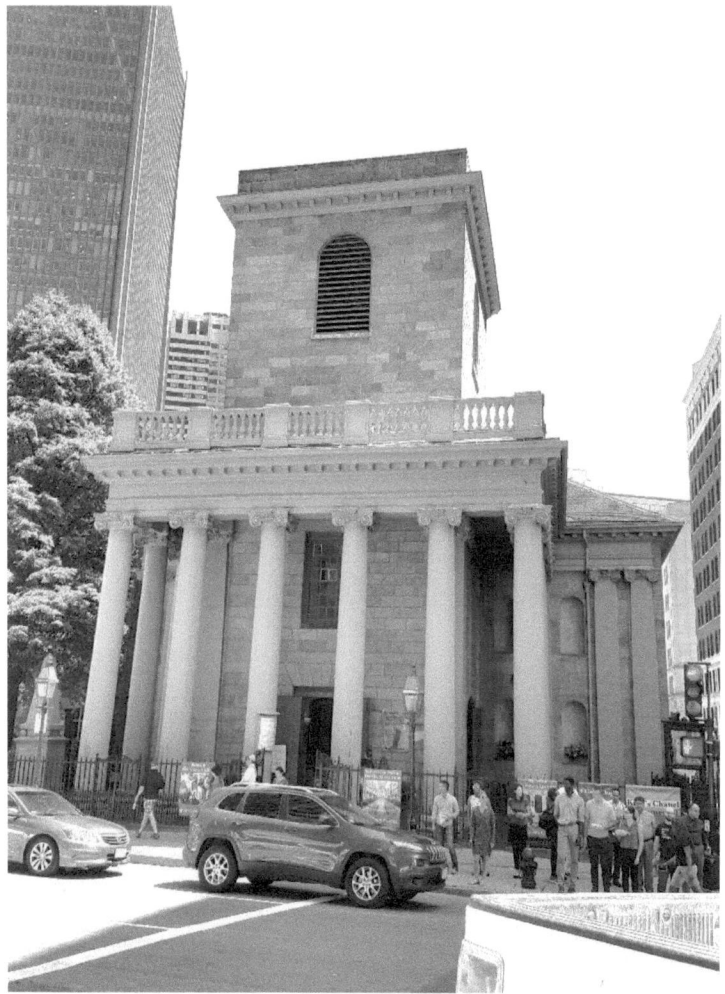

King's Chapel

Die *King's Chapel* wurde 1686 als erste anglikanische Kirche im damals puritanischen Neuengland gegründet und ebnete damit den Weg für die Religionsfreiheit in Amerika. George Washington, Paul Revere und John Quincy Adams und viele mehr waren entweder Gemeindemitglieder oder Besucher dieser Kirche.

Wir betreten das Innere der Kirche, wo uns die ungewöhnlichen ‚Sitzabteile' als erstes auffallen. Sie waren früher einzelnen Familien zugeordnet, die dafür bezahlten und die Abteile sogar nach ihrem Geschmack dekorieren konnten. Bis auf die vielen Säulen ist das Kircheninnere recht schmucklos.

Interessant sind die zahlreichen Schautafeln, die die Geschichte der Kirche und ihre Bedeutung während der Revolution und auch bei der Sklavenbefreiung wiedergeben.

Die ‚Sitzabteile' in der King's Chapel

Der neben der Kirche gelegene Friedhof ist der älteste der Stadt, er ist geschätzt 50 Jahre vor dem Bau der Kirche angelegt worden. Viele der ersten Kolonisten New Englands, darunter einer der Passagiere der *Mayflower*, wurden hier begraben. Viele der Grabsteine sind so verwittert, dass man die Inschriften gar nicht mehr lesen kann.

Verwitterter Grabstein

Wir gehen weiter die School Street entlang und erreichen die nächste Station des *Freedom Trails*, die *Boston Latin School* mit der Statue von *Benjamin Franklin*.

Die *Boston Latin School* wurde 1635 gegründet und ist damit sowohl die erste öffentliche High School als auch die älteste noch existierende Schule der USA. Unter anderem fünf Unterzeichner der Unabhängigkeitserklärung, darunter Benjamin Franklin, waren Absolventen dieser Schule.

Auf dem Bürgersteig vor dem Grundstück befindet sich ein im Boden eingelassenes Mosaik, das an das Original-Gebäude und die ersten Schüler erinnert.

Bodenmosaik vor der Boston Latin School

Am Ende der School Street befindet sich der *Old Corner Bookstore*, eines der ältesten Gebäude von Boston, 1712 als Wohnhaus und Apotheke erbaut. Später wurde es Sitz eines Verlages. Heute ist hier die Filiale der Restaurantkette *Chipotle* ansässig.

Von hier wenden wir uns nach rechts, wo nur wenige Meter entfernt an der Washington Street das *Old South Meeting House* steht. 1729 wurde das Gebäude als Kirche errichtet, diente aber auch als Versammlungsort, wo die Debatte stattfand, die zur *Boston Tea Party* im Dezember 1773 führte. Heute ist das hier eingerichtete Museum eine der Stationen auf dem *Freedom Trail*.

Um zur nächsten Station auf dem *Freedom Trail* zu gelangen, gehen wir nun die Washington Street in entgegengesetzte Richtung bis zur Court Street. Hier steht das *Old State House*.

Das Old State House

Es wurde im Jahr 1713 erbaut und ist das älteste noch stehende öffentliche Gebäude in Boston. Am 18. Juli 1776 proklamierte Colonel Thomas Crafts vom östlichen Balkon des Gebäudes die Unabhängigkeitserklärung vor einer jubelnden Menschenmenge, denn zwei Drittel der damaligen Bostoner Bevölkerung befürworteten die Revolution.

Bis 1798 war das Gebäude Sitz der Regierung von Massachusetts, heute ist es ein Heimatmuseum - und beherbergt einen Zugang zur U-Bahn.

Direkt hier am *Old State House* befindet sich die nächste Station des Trails. Eine Plakette im Boden erinnert an das *Boston Massacre*. Bei diesem Vorfall im März 1770 wurden fünf Zivilisten von britischen Truppen getötet. Aus Propagandazwecken wurde das traurige Ereignis von den Gruppen, die die Unabhängigkeit der Kolonien anstrebten, als Massaker bezeichnet. Der Freiheitsheld und Buchdrucker Paul Revere vervielfältigte zudem einen kolorierten Kupferstich, der die Szene sehr drastisch darstellte. Somit wurde es zu einem weiteren Anlass für den Ausbruch des Unabhängigkeitskrieges.

Erinnerung an das Boston Massacre

Wir folgen weiterhin der roten Ziegelsteinlinie, die uns nun zur *Faneuil Hall* führt, die Bestandteil des *Quincy Market* ist.

Auch diese Halle gehört zu den ältesten Gebäuden in Boston. Sie wurde zwischen 1740 und 1742 im Auftrag ihres Namensgebers Peter Faneuil gebaut und diente sowohl als Versammlungs- wie auch als Markthalle. Hier hielten prominente Befürworter der Unabhängigkeit ihre Reden.

Heute ist die Halle in den großen Markthallen-Komplex *Quincy Market* (eröffnet 1826) integriert, der aus mehreren langge- streckten Gebäuden besteht, die als Einkaufszentren mit Außen- bereich alles bieten, was das Herz begehrt. Insbesondere gibt es hier einen riesigen Food Court, der so gut wie keine kulinarischen Wünsche offenlässt.

Bei unserer Ankunft zeigt ein Straßenkünstler vor dem Eingang des Quincy Market sein Können.

Quincy Market

Wir schauen einen Moment zu, bevor wir die Halle betreten. Hier lassen wir das unüberschaubare Gewirr der Essensanbieter erst einmal außer Acht und wenden uns nach links, wo verschie- dene Kunsthandwerks- und Souvenirstände unser Interesse auf sich ziehen. An einem Stand wird in Erinnerung an Paul Revere das Buchdruckhandwerk präsentiert (zum Glück wird aber nicht behauptet, es sei in Amerika erfunden worden).

Ein paar Bänke laden zum Ausruhen ein; zudem sehen wir hocherfreut die Hinweisschilder ins Tiefgeschoss, wo wir überaus gerne den Waschräumen einen Besuch abstatten.

Wir schlendern dann noch weiter zwischen den Ständen herum, bevor wir uns in das Getümmel der langen ‚Fresshallen' stürzen. Hier ist der Trubel derart groß, dass wir gerne darauf verzichten, etwas zu essen. Fast fluchtartig verlassen wir die Hallen am anderen Ende und atmen kurz durch. Doch auch im Außenbereich ist nicht viel weniger los. Daher ziehen wir es vor, schnell von hier weiterzuziehen.

Kurz darauf entdecken wir an der North Street einen kleinen Donut-Laden; hier ist es ruhig und gemütlich, so dass wir Kaffee und Gebäck entspannt genießen können.

Anschließend bummeln wird die Union Street und dann die Marshall Street hinauf, wo in den restaurierten alten Häusern zahlreiche urige Kneipen und Restaurants auf einkehrende Gäste warten und auch einige Souvenirshops locken.

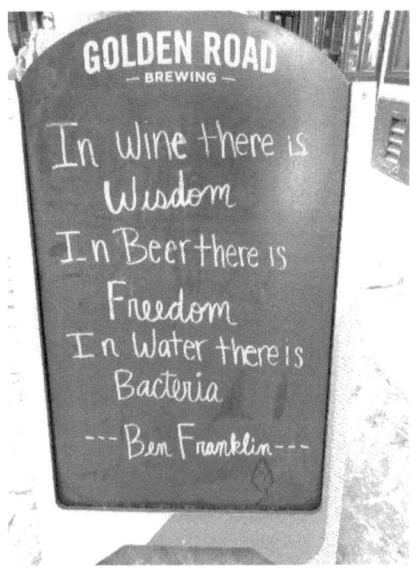

... da ist was dran

In letztere schauen wir gerne hinein, so dass ein paar kleine Souvenirs schnell den Besitzer wechseln.

Auch im gegenüberliegenden großen *Boston Public Market*, einer Markthalle mit mehr als 30 in Neuengland ansässigen Anbietern von frischen Lebensmitteln, Kunsthandwerk, verschiedenen Spezialitäten und Snacks, schauen wir uns gerne um.

Wir durchqueren den *Rose Kennedy Greenway*, eine schöne und perfekt gepflegte Grünanlage, die nach der Mutter des ehemaligen Präsidenten John F. Kennedy benannt ist.

Im Park

Entlang der roten Führungslinie kommen wir am *Paul Revere House*, 19 North Square, an. Es wurde 1680 erbaut. Das Interessante an diesem Haus ist nicht nur, dass es dem Freiheitskämpfer Paul Revere gehörte, sondern auch, dass ungefähr 90% des Baukörpers, darunter zwei Türen, drei Fensterrahmen und Teile des Fußbodens, der Fundamente und der Innenwände, original aus dem Jahre 1680 erhalten sind. Heute ist das Haus ein Museum.

Paul Revere House

Paul Revere lebte von 1734 bis zum 10. Mai 1818 und arbeitete in Boston als Silberschmied, Buchdrucker, Grafiker und sogar als Zahntechniker. Er war ein großer Befürworter der Unabhängigkeit und nahm 1773 an der *Boston Tea Party* teil.

Als der Krieg ausbrach wurde er Nachrichtenkurier für die Bostoner Patrioten. Gemeinsam mit zwei weiteren Reitern unternahm er am 18. April 1775 den berühmten Mitternachtsritt von Boston nach Lexington und Concord, um die Einwohner vor den herannahenden britischen Truppen zu warnen. Diese Episode wurde später in dem berühmten Gedicht *Paul Revere's Ride* (Originaltext im Anhang) verewigt.

Das machte Paul Revere unsterblich als einen der Nationalhelden der amerikanischen Revolution... obwohl die Geschichtsforschung ergeben hat, dass sein sonstiges Leben, insbesondere sein Verhalten im Unabhängigkeitskrieg, alles andere als heroisch war.

Nach dem Krieg arbeitete er wieder als Silberschmied und Graveur, später wurde er einer der bekanntesten Glockenhersteller.

Wir überlegen, ob wir uns in die lange Warteschlange derer, die für 5 Dollar Eintritt das Haus von innen besichtigen möchten, einreihen. Schließlich entscheiden wir uns dagegen, da das Warten in der Hitze wahrlich kein Vergnügen ist. Stattdessen betreten wir den direkt nebenan ansässigen Souvenirshop, in dem wir selbstverständlich ein paar nette Kleinigkeiten finden. Der freundliche alte Herr an der Kasse freut sich über ein bisschen Smalltalk, was vielleicht der Grund dafür ist, dass er sich unendlich viel Zeit nimmt, unsere Souvenirs sorgfältig zu verpacken.

Als wir den Laden verlassen haben wir kurz die Hoffnung, die Schlange am *Paul Revere House* könnte kürzer geworden sein, doch das ist nicht der Fall. Also folgen wir weiter der roten Ziegelsteinlinie, die uns wieder auf die Hanover Street und dort bis zur *Paul Revere Mall* führt.

Dabei handelt es sich um eine Art Park, durch den man zur *Old North Church* gelangt, einer weiteren Station auf dem *Freedom Trail*. Dominiert wird der Park vom großen Denkmal, das Paul Revere auf einem Pferd sitzend darstellt.

Reiterstandbild von Paul Revere

Es ist erholsam, bei dem heißen Sommerwetter durch die von Bäumen beschattete kleine Parkanlage zu bummeln. Kurz bevor wir die Kirche erreichen, gerät der Strom der Touristen etwas ins Stocken und wir erkennen auch schnell den Grund dafür.

Unvermittelt stehen wir nämlich vor einem Teil des *Freedom Trails*, der offiziell gar nicht dazu gehört. Doch die Wirkung ist sehr emotional. Wir stehen am *Old North Memorial Garden*, einer Gedenkstätte, die 2005 von einer Gruppe freiwilliger Helfer entworfen und hier errichtet wurde, um der Opfer der Kriege im Irak und in Afghanistan zu gedenken. Hier sind die sogenannten ‚Hundemarken', die Erkennungsmarken aller amerikanischen Soldaten aufgehängt, die in diesen beiden Kriegen getötet wurden. Die Anzahl ist riesig....

An einem der Pfosten ist zudem ein Mohnkranz arrangiert, der an die ebenfalls in diesen Kriegen getöteten britischen bzw. Commonwealth-Soldaten erinnert.

Eine beeindruckende Gedenkstätte

Es dauert eine ganze Zeit, bis wir unsere unbeschwerte Urlaubslaune wiederfinden und weitergehen.

Dann stehen wir vor der *Old North Church*.

Die Kirche wurde 1723 errichtet und ist heute das älteste noch benutzte Kirchengebäude in Boston. Von ihrem Turm aus wurde das berühmte '*One if by land, and two if by sea*'-Signal gesendet.

Dieser Satz ist die wohl berühmteste Passage aus dem Gedicht, das den Mitternachtsritt von Paul Revere beschreibt. Um die

Patrioten vor dem Angriff der Briten zu warnen, wurden Laternen als Signal in den Kirchturm gehängt, eine für den Angriff über Land, zwei für den Angriff von See her. Als Paul Revere das entsprechende Signal sah, ritt er los, um die Warnung weiterzugeben.

Der Einsatz der Laternen ist verbürgt. Eine davon ist heute im *Concord-Museum Boston* ausgestellt, eine soll ein privater Sammler besitzen und die dritte soll auf einem Transport zerbrochen sein.

Noch immer liegt ein gutes Stück Weg des *Freedom Trail* vor uns. Um die Strecke ein wenig abzukürzen, verzichten wir auf den *Harborwalk*, der in den *Freedom Trail* integriert wurde und am Hafen entlangführt. Stattdessen gehen wir geradeaus die Hull Street hinauf und passieren den *Copp's Hill Burying Ground*, eine weitere Station des Freedom Trail. Dieser Friedhof wurde 1659 als zweiter Friedhof von Boston eingeweiht und auch hier liegen viele Bürger aus der Kolonialzeit begraben.

Am Ende der Hill Street wenden wir uns nach links, wo wir auf die North Washington Street gelangen, auf der wir den Charles River überqueren.

Von der Brücke haben wir einen guten Überblick auf die Yachten, die hier liegen; einige davon lassen uns schon etwas ins Träumen geraten...

Vor dem *City Square Park* biegen wir rechts ein auf die Chelsea Street, von wo wir über die Constitution Road zum Marinegelände und dort zum Anleger der *USS Constitution* gelangen.

Diese Fregatte der US Navy lief am 10. Oktober 1797 vom Stapel. Sie ist das älteste noch seetüchtige Kriegsschiff der Welt und das zweitälteste überhaupt noch in Dienst stehende Schiff. Im Krieg von 1812 erzielte das Schiff drei Siege gegen britische Kriegsschiffe, was es in den USA quasi zur nationalen Legende machte.

Heute wird die *USS Constitution* als „Staatsschiff" für Empfänge und offizielle Anlässe genutzt, ist aber noch immer seetüchtig, was sie zuletzt 2012 bewiesen hat. Ansonsten dient sie als Aushängeschild der US Navy und die 55 Mann starke Besatzung, die aus aktiven Marinesoldaten besteht, nimmt an Zeremonien teil und organisiert die Besichtigungstouren hier im Bostoner Marinehafen.

Die USS Constitution

Leider kommen wir für die Besichtigungstouren zu spät am Schiff an, doch wir können es von Land aus eingehend betrachten und fotografieren. Der Dreimaster ist schon beeindruckend...

Wir nutzen den Aufenthalt am Schiff, um uns etwas auszuruhen. Ein Blick auf die Uhr zeigt, dass wir inzwischen seit gut fünf Stunden auf dem Trail unterwegs sind. Und noch haben wir das Ende nicht erreicht, eine Station fehlt uns noch.

Daher raffen wir uns schon bald wieder auf und starten die letzte Etappe.

Wir unterqueren die US 1 auf der Constitution Road und finden uns unvermittelt wieder in einem Stadtviertel mit ordentlich aneinandergereihten hübschen Wohnhäusern, teils als Einfamilien-, teils auch Mehrfamilienhäuser, die sich an fast durchgängig geraden Straßen einen Hügel hinaufziehen. Auf dessen höchstem Punkt, umgeben von einer großen Grünanlage, ragt ein grauer Obelisk in den blauen Himmel: Das *Bunker Hill Monument*, Endpunkt des *Freedom Trail*.

Wir stehen vor einem 64,3 Meter hohen Obelisken aus Granit, in dessen Inneren 294 Stufen nach oben führen. Er wurde 1842 errichtet zur Erinnerung an die Schlacht von *Bunker Hill* 1775, gleich zu Beginn des Unabhängigkeitskrieges.

Das angrenzende Ausstellungsgebäude wurde Ende des 19. Jahrhunderts gebaut.

Obwohl der *Bunker Hill* nicht weit entfernt liegt, steht das Monument auf dem *Breed's Hill*, wo während der besagten Schlacht die meisten Kampfhandlungen stattgefunden haben.

Wir betreten das Nebengebäude, wo alle wichtigen Einzelheiten und ebenso wichtige Kämpfer aus jener Schlacht präsentiert und erläutert werden. Zugegebenermaßen sind diese Details für uns nicht von großem Interesse, im Gegensatz zu der einladenden Bank, die uns hier zum Ausruhen herausfordert. Da können wir nicht widerstehen.

Von unserem gemütlichen Platz aus betrachten wir die Wandgemälde, Portraits und Schautafeln... und die anderen Touristen, die sich hinter Pappfiguren kauern, die statt Gesichtern ein Loch präsentieren, in das man seinen eigenen Kopf bzw. sein Gesicht stecken kann. Das sieht bei manchen wirklich witzig aus.

Inzwischen ist es bereits früher Abend geworden. Angesichts der Tatsache, dass wir den gesamten Weg zurück in die Stadt gehen müssen (und auch wollen), ist es an der Zeit, wieder aufzubrechen. Doch dann entscheiden sich unsere beiden Männer doch noch, zur Spitze des Obelisken hinaufzulaufen. Ein Versuch, ihnen das auszureden, scheitert kläglich. So machen wir es uns wieder auf der Bank gemütlich, während die Herren noch eine äußerst sportliche Zugabe leisten.

Da sie nach relativ kurzer Zeit wieder unten sind, zweifeln wir an, dass sie tatsächlich oben in der Spitze waren. Doch die Handyfotos sind der eindeutige Beweis - Kompliment!

Wir gönnen ihnen noch eine kurze Pause, doch dann machen wir uns definitiv auf den Rückweg. Selbst das *Bunker Hill Museum*, das gegenüber dem Monument in einem alten Gebäude untergebracht ist und garantiert über einen Souvenirshop verfügt, lassen wir jetzt links liegen.

Da wir auf dem Rückweg nicht mehr auf interessante Stationen oder andere Sehenswürdigkeiten achten müssen, bewältigen wir die Strecke doch zügiger als erwartet, auch wenn uns inzwischen die Füße brennen und der Rücken schmerzt.

Außerdem beflügelt uns der Gedanke, dass wir nicht unbedingt bis zur U-Bahn-Station *Park Street* zurücklaufen müssen, sondern auch eine nähergelegene Station wählen können.

Allerdings verspüren wir inzwischen auch ein sich steigerndes Hungergefühl. Da wir zudem nicht vergessen dürfen, noch Souvenirs im *Hard Rock Café* zu erstehen, liegt es auf der Hand, dass wir dort zum Ausklang unseres letzten Urlaubstages das Angenehme mit dem Nützlichen verbinden.

Auch das ist lecker...

Gesättigt und mit den gewünschten Souvenirs versehen, fahren wir mit der Red Line zurück zu unserer ‚Heimatstation' *Fields Corner*. Es ist bereits dunkel, als wir von dort den Fußweg zu unserer Unterkunft in der Lafield Street antreten.

Doch hier ist der anstrengende, ereignis- und lehrreiche Tag noch nicht zu Ende. Nach einer kurzen Erholungspause gilt es, unsere Koffer für den Rückflug am nächsten Tag zu packen. Das gelingt dank einer handlichen Gepäckwaage hervorragend.

So fallen wir schließlich in einen angenehm erholsamen Schlaf, der uns dem letzten Tag unseres diesmaligen Aufenthalts auf dem nordamerikanischen Kontinent entgegenträumen lässt. Dass uns eines der aufregendsten Ereignisse dieser Reise noch bevorsteht, ahnen wir zu diesem Zeitpunkt nicht.

23. Tag: Boston - London - Dortmund

Obwohl unser Rückflug ab Logan Airport laut Flugplan erst am Abend um 21:40 Uhr starten soll, sind wir früh auf den Beinen.

Wir genießen ein gemütliches Frühstück in der Küche, anschließend räumen wir ordentlich auf. Dann wird aufmerksam kontrolliert, ob das Gepäck vollständig ist und ob Pässe und Tickets gesichert aber dennoch griffbereit verstaut sind.

Zum letzten Mal beladen wir unser Auto, das uns während der gesamten Reise nicht im Stich gelassen, sondern zuverlässig und bequem von Ort zu Ort gebracht hat.

Nach einer allerletzten Kontrolle, dass die Wohnung sauber und aufgeräumt ist und dass alle unsere Habseligkeiten im Auto verstaut sind, verabschieden wir uns von unserer Unterkunft und aus der Lafield Street.

Beim Frühstück haben wir beratschlagt, wie wir die verbleibende Zeit bis zum Abflug nutzen können. Im Ergebnis waren wir uns schnell einig, dafür eine Shopping Mall zu wählen. Die haben wir online in knapp 12 Kilometern Entfernung von der Lafield Street schnell gefunden: Die *South Shore Plaza* in Braintree, südlich von Boston.

Diese erreichen wir nach knapp 20minütiger Fahrt und finden einen Parkplatz in direkter Nähe zum östlichen Eingang der Mall.

Wir genießen es, ein letztes Mal durch die verschiedenen Shops und Kaufhäuser zu streifen, Leute zu gucken, Kleidung anzuprobieren (und zu kaufen - dafür haben wir extra noch einen klitzekleinen Platz im Koffer gelassen).

Zwischendurch gönnen wir uns eine Pause im zugehörigen großen Foodcourt und stärken uns mit Kaffee, Gebäck und anderen Leckereien.

Leider ist die Uhr unerbittlich und so kommt die Zeit, endgültig aufzubrechen und zur Leihwagen-Rückgabe zu fahren, von wo uns ein Shuttle dann zum Abflugterminal des Logan International Airport bringen wird.

Aus den vom Navi veranschlagten 20 Minuten bis dorthin werden dann fast 60 Minuten, bevor wir das Auto in der Schlange beim Verleiher abstellen können, denn ein ziemlich großer Stau auf der I-93 verhindert unser zügiges Vorankommen.

Die Leihwagen-Rückgabe gestaltet sich vollkommen problemlos und unser Auto bekommt ein dankbares Abschiedstätscheln. Der Shuttlebus lässt nicht lange auf sich warten. Mit der erforderlichen Vorlaufzeit von drei Stunden betreten wir die Abfertigungshalle, doch die Schalter unserer Airline sind noch nicht geöffnet.

Wir machen es uns in einer ruhigen Ecke gemütlich und lassen uns die letzten Essens- und Wasserreserven schmecken. Da wir nahe an der Ausgangstür zum Raucherbereich ‚campieren' nutze ich zudem die Gelegenheit für eine letzte Zigarette auf amerikanischem Boden. Dann öffnen die Schalter und wir checken ein. Voller Stolz nehmen registrieren wir, dass keiner unserer Koffer das Höchstgewicht überschreitet, gekonnt ist eben gekonnt...

Entgegen unseren Befürchtungen verläuft die Sicherheitskontrolle reibungslos und schnell. Die verbleibende Zeit bis zum Aufruf vertreiben wir uns mit einem Bummel durch die verschiedenen Shops und dem Erwerb günstiger Zigaretten im Duty-Free-Shop.

Schließlich beginnt das Boarding. Wie immer werden die Passagiere nach Gruppen gegliedert gebeten, sich zum Schalter zu begeben - und wie immer gibt es Leute, die es nicht begreifen und sich dazwischendrängen. Im Flugzeug selbst führt dies, gepaart mit dem dringenden Wunsch, unbedingt zuallererst das Handgepäck zu verstauen und dadurch die Gänge zu blockieren, dann wieder dazu, dass sich die Menschen in den Gängen stauen. Das wiederum führt zu der üblichen Verzögerung beim Einstieg und zu Verspätungen beim Abflug - aber manche lernen es wohl nie...

Der Start ist für 21:40 Uhr vorgesehen, doch selbst als schließlich alle Passagiere an Bord sind, geschieht nichts. Es erfolgt auch keine Durchsage, um den Grund für die Verzögerung zu erklären. So sitzen wir da, Minute um Minute, bald schon länger als eine halbe Stunde. Allmählich werden wir etwas unruhig, da wir um unseren Anschlussflug von Heathrow nach Düsseldorf fürchten.

Nach weiteren 10 Minuten erfolgt dann eine Ansage des Kapitäns: Durch einen Systemausfall war es nicht möglich, das Gepäck computergesteuert in die jeweiligen Maschinen einzuchecken; dies musste händisch geschehen und erforderte entsprechenden Zeitaufwand. Aber nun würde das Gepäck eingeladen und dann könnten wir auch zum Start rollen.

Das ganze Prozedere, einschließlich des nochmaligen Wartens in der Reihe der Flugzeuge auf dem Rollfeld, dauert wiederum eine gute dreiviertel Stunde.

Damit ist uns klar, dass wir unseren Anschlussflug in Heathrow wahrscheinlich verpassen werden. Das wäre zwar ärgerlich, aber nicht zu ändern. Da wir in diesem Punkt machtlos sind, lassen wir die Dinge auf uns zukommen. Ob und wie wir in Heathrow umbuchen müssen, werden wir dann sehen.

Der Transatlantikflug verläuft ohne große Turbulenzen. Da es ein Nachtflug ist, wird es irgendwann immer stiller an Bord, viele Passagiere, auch wir, schlafen oder betreiben zumindest Augenpflege. Beim Aufwachen kurz vor der Landung stellen wir fest, dass es der Crew dank der günstigen Winde gelungen ist, einiges von der Verspätung wieder aufzuholen. Doch für unseren Anschlussflug, für den wir in Heathrow auch noch das Terminal wechseln müssen, wird es nicht reichen, dessen sind wir uns in diesem Moment sicher.

So folgen wir nach der Landung gemächlichen Schrittes dem Strom der anderen Passagiere bis zur Schalterhalle von British Airways. Schon bevor wir die letzte Biegung davor erreichen ist deutlich ein erhöhter Geräuschpegel vernehmbar. In der Halle selbst herrscht ziemliches Chaos, sie ist voller Menschen, die entweder intensiv miteinander diskutieren oder ratlos auf die Anzeigetafeln blicken. Andere scheinen schon länger resigniert auf dem Boden zu sitzen oder sind mit ihren Handys beschäftigt.

Wir benötigen einige Minuten zur Orientierung. Dann setzen wir das Puzzle aus Teilinformationen, Gesprächsfetzen und Anzeigetafeln zusammen: Der Systemausfall am Abend zuvor betraf nicht nur unsere Maschine, sondern das gesamte Computernetz von British Airways. Es gibt auf allen Flughäfen in Großbritannien keinerlei BA-Starts und -Landungen, auch unser verpasst geglaubter Anschlussflug ist nie gestartet.

Das Personal gibt sich die größte Mühe, die Leute zu informieren und ihnen weiterzuhelfen. Dazu gehört auch, dass kostenlose Snacks und Getränke durch die Reihen gebracht und verteilt werden. Doch die Mitarbeiter geben offen zu, dass sie selbst keine verlässlichen Informationen haben, wie, wann und ob es überhaupt weitergeht.

Nach einer Weile kristallisieren sich in der Menge zwei Informationen heraus. Die eine lautet, es würden an diesem Tag überhaupt keine Flüge mehr starten und es gäbe für alle ‚Gestrandeten' Übernachtungsgutscheine.

Die andere besagt, es gäbe Hoffnung auf Flüge am späteren Tag oder Abend und man solle seine Tickets umbuchen. Da weder die eine noch die andere Informationen zuverlässig erscheint, teilen wir uns auf. Die einen reihen sich in die Schlange für die Hotelvoucher ein, die anderen warten vor den Ticketschaltern für eine eventuelle Umbuchung. Durch das gesamte Chaos flitzen immer wieder eifrig bemühte BA-Mitarbeiter, die versuchen, irgendwie zu helfen.

So geht es schon seit mehr als einer Stunde, als einer von ihnen aus einem Hinterzimmer und zufällig direkt auf uns in der Ticket-Schlange zukommt. Wir haben irgendwie die Hoffnung, er wisse vielleicht etwas mehr als seine Kolleginnen und Kollegen, daher sprechen wir ihn an. Er hört uns zu, macht ein nachdenkliches Gesicht, sagt dann, er wolle etwas versuchen. Dazu lässt er sich unsere ursprünglichen Tickets geben, bittet uns um einen Moment Geduld... und verschwindet im Hinterzimmer.

Etwas ratlos blicken wir ihm nach. Inzwischen sind die anderen aus der ‚Hotelvoucher-Schlange' wieder zu uns gestoßen, da es dort gar nicht vorangeht. Gemeinsam fragen wir uns, ob wir den Mann überhaupt je wiedersehen werden und ob wir ohne die ihm ausgehändigten Tickets jemals wieder an unser Gepäck kommen, und so weiter.

Nach einer endlos erscheinenden Wartezeit taucht der Mann aus einer ganz anderen Richtung wieder auf - und was er in Händen hält und uns schließlich freudestrahlend übergibt, löst beinahe einen Jubelschrei aus. Es ist ihm gelungen, uns auf einen Flug nach Düsseldorf zu buchen, der um 19:05 Uhr in Heathrow abheben soll. Auch unser Gepäck hat er entsprechend eingecheckt. Zudem ist er sehr zuversichtlich, dass dieser Flug auch tatsächlich stattfinden wird.

Ein kostbarer Schatz: Das Ticket für den Weiterflug

Wir können dem Mann nicht genug danken, zumal er uns zusätzlich noch Gutscheine übergibt, mit denen wir während der Wartezeit kostenlos etwas zu essen und zu trinken bekommen. Es fällt schwer, ihm nicht um den Hals zu fallen.

Was würde ich jetzt darum geben, eine Zigarette rauchen zu können, doch der gesamte Flughafen Heathrow ist rauchfrei... Somit gilt es, es ist um die Mittagszeit, noch eine ganze Weile auszuhalten.

Wir suchen uns Plätze im Wartebereich, was angesichts der vielen ausgefallenen Flüge gar nicht so einfach ist. Doch offensichtlich ist das Glück momentan wieder auf unserer Seite und wir finden noch eine komplett freie Sitzreihe.

Ab jetzt können wir nicht viel mehr tun als irgendwie Zeit totzuschlagen. Zunächst jedoch geht die frohe Kunde an die Heimat, da unsere Leute dort selbstverständlich informiert werden wollen. Anschließend setzen wir unsere Gutscheine in Sandwiches, Snacks und Getränke um, bummeln durch den Wartebereich und die zahlreichen Shops, besichtigen die Waschräume, setzen uns wieder, machen (natürlich nicht alle gleichzeitig) ein Schläfchen - und warten, dass es Abend wird.

Hin und wieder werfen wir einen Blick auf die Anzeigetafel, wo von unserem Flug aber lange Zeit nichts zu sehen ist.

Die Abflugzeit rückt näher. Wieder nehmen wir die Tafel ins Visier, nicht zuletzt, um zu erfahren, von welchem Gate der Flug startet. Nach gefühlt endlos langem Warten wird unser Flug endlich angezeigt... er wird eine Stunde später starten.

19:05 Edinburgh	IB7581	Gate shown 18:15
19:05 Dusseldorf	BA946	Delayed to 20:06
19:20 Berlin	CX7185	Gate shown 18:30
19:20 Madrid	AA8860	Will depart C gates
Operated by Iberia		
19:25 Delhi	AA6663	Delayed to 20:26
19:25 Oslo	AA6321	Delayed to 21:16
19:35 Amsterdam	BA444	Delayed to 22:07
19:40 Basel	JL7709	Delayed to 20:40
19:40 Gothenburg	BA802	Gate shown 18:50
19:40 Frankfurt	BA916	Gate shown 18:50
19:45 Doha	AA6413	Gate shown 18:30
19:45 Zurich	BA720	Delayed to 20:08
19:50 New York	BA183	Gate shown 18:35
19:55 Singapore	BA011	Gate shown 18:40
19:55 Boston	BA239	Gate shown 18:40
20:00 Toulouse	AA6273	Gate shown 19:10
20:05 Edinburgh	BA1462	Gate shown 19:15
20:05 Stockholm	BA786	Gate shown 19:15
20:15 Glasgow	AY5919	Delayed to 20:42

Warten, warten und hoffen...

Als wir die Hoffnung fast schon aufgegeben haben, an diesem Tag überhaupt noch von Heathrow weiterzukommen, wechselt die Anzeige und das Gate wird angezeigt. Dennoch sind unsere Erwartungen, bald in Düsseldorf zu landen, gedämpft. Dort herrscht Nachtflugverbot und nach 23 Uhr dürfen keine Flugzeuge mehr starten oder landen. Als unsere Maschine mit nochmaliger Verzögerung endlich und wahrhaftig von Heathrow abhebt, ist es in Deutschland bereits kurz vor 22 Uhr.

Fast den gesamten Flug verbringen wir angespannt in unseren Sitzen, da wir jeden Augenblick die Durchsage erwarten, dass die Maschine nach Köln oder noch weiter von Düsseldorf entfernt umgeleitet wird.

Doch erneut lacht uns das Glück, die Maschine setzt um 3 Minuten vor 23 Uhr auf der Landebahn in Düsseldorf auf. Als wir schließlich am Gepäckband stehen, stellen wir fest, dass dies die letzte Maschine war, die an diesem Abend landen durfte.

Zügig passieren wir sowohl die Pass- als auch die Zollkontrolle und auch auf die Hochbahn zum Bahnhof müssen wir nicht lange warten.

Endlich stehen wir, mitten in der Nacht, auf dem Bahnsteig und warten auf den Zug nach Dortmund. Ich genieße meine erste Zigarette nach gut 24 Stunden... und es ertönt die Durchsage, dass wegen eines verspäteten Intercityzuges unser Zug ebenfalls 15 Minuten Verspätung haben wird.

Wir trauen uns kaum, unseren Abholern in Dortmund, die bis jetzt so tapfer durch- und sich selbst wachgehalten haben, diese Information weiterzuleiten.

Doch zum guten Ende hin fügt sich alles zusammen, wir kommen ohne nochmalige Verspätung am Hauptbahnhof in Dortmund an und unsere bedauernswerten Abholer bringen uns sicher heim, wofür sie einen sehr herzlichen Dank bekommen.

Fast genau 12 Stunden später als geplant schließe ich um 1:40 Uhr nachts meine Haustür auf - völlig übermüdet, aber dennoch aufgekratzt nach diesem letzten, vollkommen ungeplanten Abenteuer unserer an Höhepunkten ohnehin reichen Rundreise durch Teile der USA und Kanadas.

Auf dem Weg von Philadelphia nach Boston haben wir gut 4000 Kilometer zurückgelegt.

Wir haben viel über Land, Leute, Kultur und Geschichte der von uns besuchten Regionen erfahren und nette Menschen kennengelernt.

Abgesehen von wenigen kleineren Problemen und der Verzögerung beim Rückflug hat alles geklappt, wir haben uns überall sicher und willkommen gefühlt.

Natürlich ist eine solche Reise nicht zum Schnäppchenpreis zu bekommen, doch insgesamt hielten sich die Kosten in einem vernünftigen Rahmen, auch die Preise für Essen und Trinken waren überall erschwinglich, von den Benzinkosten ganz zu schweigen.

Daher wünsche ich allen LeserInnen, die auf diese Weise unsere Reise bis hierher ‚mitgemacht' haben und die sich von dieser Beschreibung vielleicht inspiriert fühlen, es uns nachzumachen, dass wir alle diese schwierigen Corona-bestimmten Zeiten bald gesund und wohlbehalten hinter uns lassen und wieder frei reisen können.

Auch für mich selbst hoffe ich, bald wieder über den großen Teich fliegen und auf dem nordamerikanischen Kontinent auf Entdeckungsreise gehen zu können... denn es gibt noch so viel zu sehen.

Dortmund, im Januar 2021

PS: Es soll am Ende nicht unerwähnt bleiben, dass British Airways nach relativ kurzer Zeit und vollkommen problemlos die Fluggastentschädigung für die Verspätung an uns gezahlt hat.

ANHANG

Hier eine kleine Auswahl von Fotos, die farbig besser wirken

Niagarafälle bei Nacht

Stadion Toronto

Blick durch den Glasboden des CN Tower Toronto auf das Dach des Toronto Aquarium

Diese Lasten könnte der Glasboden im CN Tower tragen

In der Kathedrale von Ottawa

In der Kathedrale von Montréal

Gut beschirmt durch Québec City

Paul Revere's Ride
von Henry Wadsworth Longfellow
- Version von 1861 -

Listen, my children, and you shall hear
Of the midnight ride of Paul Revere,
On the eighteenth of April, in Seventy-Five:
Hardly a man is now alive
Who remembers that famous day and year.

He said to his friend, — "If the British march
By land or sea from the town to-night,
Hang a lantern aloft in the belfry-arch
Of the North-Church-tower, as a signal-light, —
One if by land, and two if by sea;
And I on the opposite shore will be,
Ready to ride and spread the alarm
Through every Middlesex village and farm,
For the country-folk to be up and to arm."

Then he said good-night, and with muffled oar
Silently rowed to the Charlestown shore,
Just as the moon rose over the bay,
Where swinging wide at her moorings lay
The Somersett, British man-of-war:
A phantom ship, with each mast and spar
Across the moon, like a prison-bar,
And a huge, black hulk, that was magnified
By its own reflection in the tide.

Meanwhile, his friend, through alley and street
Wanders and watches with eager ears,
Till in the silence around him he hears
The muster of men at the barrack-door,
The sound of arms, and the tramp of feet,
And the measured tread of the grenadiers
Marching down to their boats on the shore.
Then he climbed to the tower of the church,
Up the wooden stairs, with stealthy tread,

To the belfry-chamber overhead,
And startled the pigeons from their perch
On the sombre rafters, that round him made
Masses and moving shapes of shade, —
Up the light ladder, slender and tall,
To the highest window in the wall,
Where he paused to listen and look down
A moment on the roofs of the town,
And the moonlight flowing over all.

Beneath, in the churchyard, lay the dead
In their night-encampment on the hill,
Wrapped in silence so deep and still,
That he could hear, like a sentinel's tread,
The watchful night-wind, as it went
Creeping along from tent to tent,
And seeming to whisper, "All is well!"
A moment only he feels the spell
Of the place and the hour, the secret dread
Of the lonely belfry and the dead;
For suddenly all his thoughts are bent
On a shadowy something far away,
Where the river widens to meet the bay, —
A line of black, that bends and floats
On the rising tide, like a bridge of boats.

Meanwhile, impatient to mount and ride,
Booted and spurred, with a heavy stride,
On the opposite shore walked Paul Revere
Now he patted his horse's side,
Now gazed on the landscape far and near,
Then impetuous stamped the earth,
And turned and tightened his saddle-girth;
But mostly he watched with eager search
The belfry-tower of the old North Church,
As it rose above the graves on the hill,
Lonely, and spectral, and sombre, and still.
And lo! as he looks, on the belfry's height,
A glimmer, and then a gleam of light!

He springs to the saddle, the bridle he turns,
But lingers and gazes, till full on his sight
A second lamp in the belfry burns!

A hurry of hoofs in a village-street,
A shape in the moonlight, a bulk in the dark,
And beneath from the pebbles, in passing, a spark
Struck out by a steed that flies fearless and fleet:
That was all! And yet, through the gloom and the light,
The fate of a nation was riding that night;
And the spark struck out by that steed, in his flight,
Kindled the land into flame with its heat.

It was twelve by the village-clock,
When he crossed the bridge into Medford town.
He heard the crowing of the cock,
And the barking of the farmer's dog,
And felt the damp of the river-fog,
That rises when the sun goes down.

It was one by the village-clock,
When he rode into Lexington.
He saw the gilded weathercock
Swim in the moonlight as he passed,
And the meeting-house windows, blank and bare,
Gaze at him with a spectral glare,
As if they already stood aghast
At the bloody work they would look upon.

It was two by the village-clock,
When he came to the bridge in Concord town.
He heard the bleating of the flock,
And the twitter of birds among the trees,
And felt the breath of the morning-breeze
Blowing over the meadows brown.
And one was safe and asleep in his bed
Who at the bridge would be first to fall,
Who that day would be lying dead,
Pierced by a British musket-ball.

You know the rest. In the books you have read
How the British regulars fired and fled, —
How the farmers gave them ball for ball,
From behind each fence and farmyard-wall,
Chasing the red-coats down the lane,
Then crossing the fields to emerge again
Under the trees at the turn of the road,
And only pausing to fire and load.

So through the night rode Paul Revere;
And so through the night went his cry of alarm
To every Middlesex village and farm, —
A cry of defiance, and not of fear, —
A voice in the darkness, a knock at the door,
And a word that shall echo forevermore!
For, borne on the night-wind of the Past,
Through all our history, to the last,
In the hour of darkness and peril and need,
The people will waken and listen to hear
The hurrying hoof-beat of that steed,
And the midnight-message of Paul Revere.

Die von Benjamin Franklin selbst verfasste Inschrift für sein Grab:

Hier liegt der Leib B. Franklins, eines Buchdruckers,
gleich dem Deckel eines alten Buches,
aus welchem der Inhalt herausgenommen,
und das seiner Inschrift und Vergoldung beraubt ist —
eine Speise für die Würmer;
doch wird das Werk selbst nicht verloren sein,
sondern, wie er glaubt, einst erscheinen
in einer neuen, schöneren Ausgabe,
durchgesehen und verbessert vom Verfasser!